La Magia de la Mente

Cómo Crear Milagros en tu Vida

Rodrigo Díaz Mercado

La Magia de la Mente - Cómo Crear Milagros en tu Vida
- Díaz Mercado, Rodrigo

lamagiadelamente.wixsite.com/ebook

Copyright © 2020 Rodrigo Diaz Mercado

ISBN: 978-1-77277-385-9

Todos los derechos reservados. Ninguna parte de este libro puede ser reproducida mecánicamente, electrónicamente o por cualquier otro medio, incluyendo fotocopias, sin permiso del editor o del autor, excepto en el caso de breves citas incorporadas en artículos y reseñas críticas. Es ilegal copiar este libro, publicarlo en un sitio web o distribuirlo por cualquier otro medio sin permiso del editor o del autor.

Límites de la responsabilidad y renuncia de la garantía
El autor y el editor no serán responsables del mal uso que usted haga del material adjunto. Este libro es estrictamente para fines informativos y educativos.

Advertencia - Descargo de responsabilidad
El propósito de este libro es educar y entretener. El autor y/o el editor no garantizan que nadie que siga estas técnicas, sugerencias, consejos, ideas o estrategias tendrá éxito. El autor y/o el editor no tendrán responsabilidad alguna con respecto a cualquier pérdida o daño causado, o supuestamente causado, directa o indirectamente por la información contenida en este libro.

Descargo de responsabilidad médica
La información médica o sanitaria de este libro se proporciona sólo como un recurso informativo y no debe utilizarse o depender de ella para ningún diagnóstico o tratamiento. Esta información no pretende ser una educación para el paciente, no crea ninguna relación médico-paciente, y no debe utilizarse como sustituto del diagnóstico y tratamiento profesional.

Publisher: 10-10-10 Publishing
Markham, ON Canada

Indice

Dedicación	ix
Agradecimientos	xi
Prólogo	xiii

Capítulo 1: La Magia de la Mente — 15
El Montaje — 17
El Comienzo — 18
La Magia de la Mente — 24
El «yo» Mágico — 25
La Magia Sucede — 27
La Magia es Real — 28

Capítulo 2: Ilusiones — 33
La Ilusión de la Vida — 35
Modo de Supervivencia vs. Modo Creativo — 37
La Ilusión de la Separación — 41
Todos Somos Uno — 42
La Ilusión del Tiempo — 45
La Ilusión de Control — 46
La Ilusión del Apego — 48
Rompiendo la Ilusión — 50

Capítulo 3: El Poder del Cerebro — 55
Hábitos — 57
Tu Mente Subconsciente: El Programa — 59
Vivir en el Pasado — 65
Vivir en el Futuro Basado en el Pasado — 68
Rompiendo el Hábito de Ser Uno Mismo — 69

Capítulo 4: Maravilla Infantil — 75
Los Niños Saben la Verdad — 77
Maravilla Infantil — 78
El Niño Dentro de Ti — 80
Nunca. Pares. De. Jugar. — 82

Capítulo 5: Principios de la Magia — 85
Desviación de la Atención — 87
Cachorro vs. León — 88
Percepción — 91

Capítulo 6: La Magia de la Física Cuántica — 95
Física Cuántica 101 — 97
El Universo siempre está diciendo «SÍ» — 99

Capítulo 7: Sentidos Físicos vs. Sentidos Espirituales — 103
Nunca Confíes en tus Sentidos Físicos — 105
Tus Sentidos Espirituales — 107
La Conciencia — 108
Respiración — 111
Estar Presente — 113
Silencio — 114
Confianza — 116
Imaginación — 118
Intención — 120
Intuición — 121
Propósito — 122

Capítulo 8: Comprendiendo la Verdadera Magia — 125
La Magia Fuera de Ti (La Magia Que Crea Mundos) — 127
La Magia Dentro de Ti — 128
La Magia de Estar Conectado a la Fuente — 132
La Magia Ocurre en lo Desconocido — 134
Vivir en lo Desconocido — 135

Capítulo 9: El Hábito de la Magia — 139
La Magia de tus Pensamientos — 141
La Magia de los Sentimientos — 144
La Magia de Cerrar los Ojos — 147
La Magia de ser Tú Mismo — 152

Capítulo 10: Magia de Verdad 155
Revelando la Magia 157
El Espectáculo Debe Continuar 162
Ahora Me Ves y Ahora... 179

Sobre el autor 171

Dedico este libro a cada persona que busca esa respuesta; tu viaje es perfecto y único. Todo es posible; la magia es real. Tienes todo trabajando a tu favor para resolverlo todo. Gracias por compartir tu magia con este mundo.

También dedico este libro a Allison.
Cada momento que comparto contigo es un recordatorio de que lo que hay en este libro es real. Los milagros existen.

Y, por supuesto, dedico este libro a mi madre y a mi padre.
Gracias por enseñarme a ver que la magia es real.

Agradecimientos

Quiero agradecerle a mi esposa. Gracias, Allison, por creer en mí, por apoyarme siempre, por estar a mi lado. Gracias por ver la persona que realmente soy. Gracias por compartir tu experiencia de vida conmigo. Eres tan inspiradora, fuerte y amable. Gracias por ayudarme a vivir la experiencia del amor. Gracias por ser parte de mi sueño de manifestación de amor. Gracias por ser pura magia en mi vida. Gracias por hacerme sentir la verdadera magia todos los días. **Cuando te veo, veo todo el Universo. Te amo.**

Quiero agradecer a mi madre, Perla, por ser un verdadero ejemplo de lo que nuestras mentes pueden lograr y de cómo son los milagros. Gracias por mostrarme, a través de tu ejemplo de vida, que los pensamientos se convierten en cosas. Gracias por ayudarme a convertirme en el hombre que hoy soy. Gracias por todo el amor que compartes conmigo. Soy muy afortunado de tenerte en mi vida. Admiro tu pasión por la vida y por el aprendizaje. **Gracias por mi vida, mamá.** Gracias por siempre bailar conmigo y disfrutar de la vida.

Quiero agradecer a mi padre, Alejandro. Gracias por ser el mayor maestro de la paciencia y el amor. Gracias por ver en mí el poder del que hablo en este libro. Gracias por ser mi mejor amigo; gracias por ser amor puro. Gracias por todo lo que me diste y por todo lo que no me diste. Siempre he admirado tu positividad y tu amabilidad. Eres mi héroe. **Gracias por ser luz en mi vida.**

Quiero agradecer a mi hermana, Alejandra. Gracias por crecer conmigo. Gracias por estar en Canadá junto a mí. Gracias por compartir la experiencia de la familia conmigo. No podría haber hecho la mitad de las cosas que hago si no fuera por ti. Gracias por ayudarme siempre a salir de mi zona de confort. Gracias por ser rara e interesante. Gracias por mostrarme diferentes niveles de comprensión. Gracias por ser valiente y mudarte a Canadá para que yo pudiera ver tu ejemplo y seguirlo. No estaría aquí si no fuera por ti. Gracias por ser tú. Gracias por ser uno conmigo. **Gracias por existir.**

Estoy muy agradecido de tener a Omar en mi vida. Gracias por mostrarme lo que el amor y la valentía pueden lograr en esta vida. Gracias por todo el tiempo, los consejos y el amor que compartes conmigo. Gracias por mostrarme cómo el verdadero cambio comienza dentro. Te admiro tanto, Omar. Y te amo tanto. **Gracias por ser puro amor.**

A mis amigos cuánticos, por todas las veces que reinventamos la realidad y creamos el tiempo dentro del tiempo. Gracias por dejarme hablar sobre la magia en mi vida. Gracias por crear milagros conmigo. Soy quien soy hoy, por todos esos momentos en los que me proporcionaste tu sonrisa, tus ojos y tus oídos. Estoy extremadamente agradecido de haber encontrado en ti el reflejo del Universo. Gracias por compartir conmigo. Estoy bendecido con tu tiempo como amigo/a. Gracias; tú has cambiado mi vida.

A mis mejores amigos, Milan, Victor y Jorge. Gracias por mostrarme cómo nuestra amistad va más allá de los mundos. Gracias por todas las lecciones que me siguen enseñando, incluso cuando no creen que lo hacen. Gracias por ver todos mis trucos. Gracias por compartir su magia conmigo.

Me gustaría dar las gracias a James por ser un mentor increíble. Verte, escucharte y estar cerca de ti, han sido una parte muy importante de todo lo que estoy haciendo. Este mundo necesita más de tu mensaje de amor. Ahora puedo ver que la forma en que nos conocimos fue pura magia. Gracias por ser una increíble inspiración y, lo más importante, gracias por abrirme tu corazón.

También me gustaría agradecer a Sathish. Gracias por toda la guía y los increíbles momentos en los que me has llevado en la dirección correcta. Gracias por escuchar y ser honesto cuando lo necesité. Para mí, eres un ejemplo increíble de lo que es posible.

Me gustaría agradecer a Richard, mi maestro, mentor y amigo. Gracias, Richard, por ver la magia en mí. Gracias por tener siempre la puerta abierta. Gracias porque me sigues enseñando todo tipo de lecciones.

Prólogo

El libro que estás a punto de leer es magia de verdad. Como ya sabes, la vida es un gran viaje. Pero si eres como la mayoría de la gente, estás buscando una cosa: paz. Estás buscando una mayor comprensión de cómo ser esa persona poderosa que quieres ser. No importa dónde estés en tu viaje personal, siempre estás donde tienes que estar.

Si te interesa descubrir el increíble poder que ya tienes para crear y experimentar milagros en tu vida, entonces, has encontrado el libro adecuado. Rodrigo Díaz Mercado te llevará a un fascinante viaje para despertar y re-conectarte con esa increíble, única e ilimitada energía dentro de ti. Rodrigo pretende ayudarte a darte cuenta de que la magia que llevas dentro, ya está ahí, solo tienes que recordar cómo usarla. A través de maravillosas realizaciones, Rodrigo difunde este mensaje de amor, comprensión y auto-apoderamiento.

Prepárate para revelar los secretos de tu verdadera magia... ¡Prepárate para vivir tu vida desde la mejor versión de ti!

Raymond Aaron
Autor de Bestseller del New York Times

Capítulo 1
La Magia de la Mente

El Montaje

La persona que está escribiendo este libro ahora mismo, no existía hace un año y medio. No era *esta versión* de mí. Tenía 32 años, un gran trabajo, una hermosa casa, una esposa, etc., pero me sentía triste, deprimido e incompleto. Me sentía solo y atrapado. Sentía que las cosas no tenían sentido. No podría decirte cuándo sucedió, pero sentí que esto había estado sucediendo desde hacía unos cinco años. Había saltado del asiento del conductor al del pasajero y mi vida continuaba sin mí. Me sentía como un zombi, arrastrándome de un lugar a otro, haciendo lo mismo una y otra vez. Todo lo que hacía era en piloto automático. Mi cuerpo ya no me necesitaba. Sabía cómo estar triste, cómo sentirme atrapado y cómo vivir la vida sin que yo la disfrutara. Dejaba que mi mundo exterior dictara la realidad de mi mundo interior, aunque sabía que debía ser al revés. Esperaba que algo en el exterior cambiara algo en el interior, pero eso nunca pasó...

Hace unos tres años, tuve una cirugía menor. Debí tomarlo como una señal, pero no le presté atención. Un año y medio después de eso, mi apéndice explotó y tuve que ser llevado de urgencia al hospital. Señal número dos. Tres meses después de que mi apéndice explotara, me dijeron que tenía un pequeño quiste en la tiroides. Señal número tres. Un mes después, tenía una hernia en un disco en la parte baja de la espalda. Cuando me duele, se siente como un cuchillo afilado en esa parte. Cuando sucede, no puedo estar de pie durante unos dos días o ir al baño sin ayuda o hacer nada para ese asunto. Señal número... Ya no sé qué número sigue. He perdido la cuenta de cuántas veces el Universo me envió mensajes, a través de mi cuerpo, para que reaccionara. Algo tenía que cambiar. Había demasiadas señales que indicaban que algo estaba mal dentro de mí. La vida me decía que necesitaba cambiar la forma en que había estado pensando, sintiendo y comportándome durante los últimos años de mi vida. Mirándolo ahora, la vida me estaba enviando mensajes de amor para poder despertar de mi estado zombi y cuidarme. En ese entonces, era difícil de ver, pero algo tenía que cambiar: yo.

El Comienzo

«Solo hay dos maneras de vivir tu vida. Una es como si nada fuese un milagro. La otra es como si todo fuese un milagro».
- Albert Einstein

He estado practicando, estudiando y haciendo magia (trucos de magia) durante unos siete años. Al principio, fue muy divertido poder engañar a mis amigos con algunos trucos simples. Luego, cuanto más me metía en la magia, más entendía la psicología que había detrás de ella y más me daba cuenta de que la magia no tiene nada que ver con engañar a la gente. Comprendí que la magia consistía en crear y experimentar un momento imposible entre dos personas.

A medida que evolucioné en el arte de la magia, me di cuenta de que es una experiencia compartida, un regalo. Es una pieza de arte que rompe el concepto tridimensional de la realidad y crea la ilusión de la cuarta dimensión (aparecer y desaparecer cosas, leer mentes, etc. De nuevo, es el arte de las ilusiones). Empecé a ver la magia como una forma de arte que crea sentimientos y emociones que llevan a la gente a sentir maravillas infantiles. La magia crea una ruptura de la realidad. Te da una experiencia de algo imposible.

Imagina experimentar un truco de magia ahora mismo. Justo después del final del truco, durante los primeros tres a cinco segundos, estás completamente asombrado, en completo «¿qué acaba de pasar?» (esto es si el truco se realizó bien, por supuesto). Tu cerebro está un poco confundido. Está disfrutando de un momento en el que lo imposible se hizo posible. Después de esos tres o cinco segundos, tu parte analítica del cerebro entra en acción. Ahora está tratando de averiguar cómo se hizo el truco: «¿A dónde se fue la moneda?».

He descubierto que la mayoría de la gente quiere saber la respuesta a la ecuación, ya que es muy difícil vivir en lo desconocido. Pero imagina tomar esos primeros tres o cinco segundos cuando estabas completamente presente y disfrutando de lo imposible y expandir ese momento y esa sensación de magia por un período de tiempo más largo. ¡Imagina ser capaz de vivir en este estado de maravilla infantil, sabiendo que la magia es real, sabiendo que todo es posible, todo el tiempo! De hecho…, ¡es posible!

No fue hasta hace un par de años que empecé a ver la magia como algo más, algo poderoso. La sensación que tengo cuando veo las reacciones de la gente a lo que está pasando delante de ellos, es algo difícil de explicar; es bastante mágico. Quería crear una forma de hacer que estos sentimientos de felicidad, asombro y admiración duraran más que unos pocos segundos. Tal vez, existe una manera de experimentar la verdadera magia y los milagros en mi vida. Quizás hay algo en la idea de que la magia es real y ya es parte de lo que tú y yo somos. Aquí es donde comenzó este proyecto, *Sleight of Mind* («La Magia de la Mente»).

Escribí este libro inspirado en cuatro cosas: mi amor por la magia, mi amor por la neurociencia (la comprensión del funcionamiento de nuestro cerebro), mi amor por la física cuántica (el estudio profundo de las partículas más pequeñas de energía, su comportamiento y cómo podemos relacionarnos con ellas) y mi amor por la espiritualidad (un enfoque para saber que todos somos parte de algo más grande, que todos estamos aquí por una razón, que todos somos uno). Estos temas han cambiado mi vida para siempre.

La Magia

Después de casi ocho años de practicar y realizar trucos de magia, ahora doy conferencias sobre cómo usar los principios de la magia para crear milagros en tu vida. Para mí, la magia es el arte de experimentar lo imposible. El arte de manipular la realidad. El arte de crear asombro y una sensación de maravilla. Para mí, la magia es un momento creado por dos personas que están totalmente presentes; es un regalo.

Me he dado cuenta de algo especial sobre la magia, que no solo se aplica a esta forma de arte, sino que es exactamente la misma fórmula para crear magia y milagros en tu vida:

1. La magia ocurre en lo desconocido. Si supieras lo que va a pasar antes de que la magia ocurra, no sentirías el elemento sorpresa. No sentirías la magia.

2. La magia ocurre en el momento presente. Si no estás presente en el momento exacto en el que ocurrió la magia, es muy difícil recrear ese momento de nuevo. Tienes que estar presente para poder experimentar esa maravilla y la magia real (milagros).

3. La magia no ocurre en mis manos, sino en tu mente. Yo sé dónde está el truco, yo sé cómo se hace. Cuando tú experimentas un truco de magia, yo simplemente te presento el entorno adecuado para que tu mente cree la magia. Tú eres el que experimenta la magia, no yo. La magia ocurre en tu cabeza. Tú eres el que la crea.

Neurociencia

Nuestros cerebros son fascinantes. Me apasiona entender cómo funciona nuestro cerebro y la poderosa herramienta que este es. Me resulta increíble estudiar cómo los pensamientos se convierten en cosas físicas. Es fascinante cómo nuestra imaginación puede crear cualquier realidad. Es bastante mágico aprender cómo la imaginación es más que solo imágenes en tu cabeza. Es muy poderoso tener la conciencia y la comprensión de que podemos controlar lo que pensamos, sentimos y hacemos, pero, desafortunadamente, elegimos no hacerlo.

Es profundamente increíble estudiar el tema de los hábitos. Cuanto más profundo he llegado a comprender lo que es un hábito y cómo se crea, es extremadamente interesante darse cuenta de que incluso tú y yo somos un hábito. Pero no te preocupes, vamos a profundizar bastante en todo esto. Una cosa es segura, si te comprometes a hacer un cambio en tu vida, el entender cómo funciona tu cerebro es la clave para manifestar cualquier cosa que quieras en tu experiencia de vida.

Física Cuántica

Es un tema bastante interesante. A veces es difícil de entender; a veces es simple de entender. Me encanta estudiar la ciencia que explica que todo en este Universo es energía. En el nivel más básico de la ecuación «$E=mc^2$» de Albert Einstein, la ecuación dice que la energía y la masa (materia) son intercambiables; son diferentes formas de la misma cosa. Bajo las condiciones adecuadas, la energía puede convertirse en masa y viceversa. Esto significa que la energía y la materia son lo mismo. Esto es una asombrosa revelación.

Todo en este Universo es energía. Tú y yo somos energía, nuestros pensamientos son energía, nuestras emociones son energía, la naturaleza es energía, el dinero es energía, etc. He estado leyendo y estudiando cómo la energía afecta a la materia (porque la materia es energía). He estado comprendiendo cómo la energía nunca puede ser creada o destruida —solo puede ser transformada— y que todo está conectado. He estado entendiendo cómo todo está en constante expansión. He estado estudiando y leyendo cómo la energía de nuestros pensamientos y sentimientos afecta a nuestros cuerpos para la enfermedad y la salud.

He estado leyendo sobre este lugar llamado el Campo Cuántico, donde todo y cualquier cosa que alguien pueda imaginar o experimentar ya existe, un lugar lleno de infinitas posibilidades que tú y yo siempre podemos aprovechar. He estado estudiando cómo tú y yo podemos crear cualquier experiencia en nuestras vidas a través de la energía de nuestros pensamientos y sentimiento: la manifestación. He estado estudiando y practicando cómo los pensamientos se convierten en cosas y cómo nuestra imaginación es la respuesta a todo esto. La física cuántica es fascinante.

Espiritualidad

Ha habido muchos conceptos erróneos en torno a esta palabra. Pero la verdad es que la espiritualidad no tiene nada que ver con la religión. No sabía esto antes y, una vez que lo entendí, muchas de las respuestas que buscaba empezaron a aparecer en mi vida. Entender el hecho de que nuestro mundo interior puede crear un efecto en nuestro mundo exterior, ha sido una increíble revelación en mi vida. Ha sido muy humilde entender que no soy un humano que tiene energía en su interior, sino que soy energía que tiene una experiencia humana. Ha sido confuso y liberador estudiar que no soy quien creo que soy (uno de los conceptos más desafiantes que he tenido que aprender y con el que sigo lidiando). Pero, a través de mucha comprensión y paciencia, he sido capaz de encontrar la paz y he sido capaz de recuperar mi verdadero poder, mi verdadero estado creativo.

Estos son los temas de los que hablo en mis conferencias, talleres y presentaciones. Comparto información, experiencias y ejercicios sobre cómo crear y experimentar la magia en tu vida. No soy un experto en ninguno de estos cuatro temas. Son todas pasiones que he estado investigando, estudiando, aprendiendo y practicando. Todavía estoy tratando de entender todo esto. Estoy en mi propio viaje personal para encontrar mis respuestas. A veces siento que tal vez no soy la persona adecuada para compartir todo esto, pero, por favor, quiero que sepas que todo lo que estás a punto de leer viene de un lugar de amor. Todo esto viene de un lugar de saber que, dentro de ti, hay algo que siempre busca la felicidad, el amor, la paz y la alegría. Todo lo que puedo hacer es compartir contigo y mostrarte la magia que veo en ti, y la magia que veo en cada uno de estos cuatro temas.

Mi honesta opinión es que mi conocimiento en estos temas es como un grano de arena en toda la playa. Hay tanto que aprender en este Universo. Estoy convencido de que nosotros, como humanidad, sabemos muy poco sobre lo que hay ahí fuera. Es emocionante seguir descubriendo las verdades del Universo.

Quiero ser abierto y honesto contigo. Quiero compartir que he tenido miedo de escribir sobre estos temas, ya que no todo el mundo quiere sumergirse en ellos. Pero viendo los increíbles cambios que yo y todos los que me rodean están experimentando (familia, amigos y otras personas), tengo confianza e inspiración para compartir mi viaje contigo. Ahora, más que nunca, estoy convencido de que el mensaje está ahí si quieres escucharlo. Estoy convencido de que todo está conectado. Estoy convencido de que un milagro está a solo una decisión.

Para mí, la magia lo une todo. He estado practicando los otros tres temas y cuando los pones todos juntos, la magia ocurre y los milagros simplemente aparecen. He sido capaz de experimentar cambios en mi vida. He sido capaz de experimentar cosas que se manifiestan en mi experiencia de vida. También, puedo ver cosas que antes no era capaz de ver. Ha sido una experiencia mágica jugar con todos estos conceptos. Ha sido muy interesante descubrir lo que hay detrás de la cortina. Espero que tú también quieras ver lo que hay detrás del telón. Espero que tú también quieras descubrir un nuevo tú. Espero que quieras experimentar cómo se siente la verdadera magia.

La Magia de la Mente, se inspira en las enseñanzas de todos los maravillosos maestros que este mundo ha tenido y sigue teniendo. Los maestros, hoy en día, vienen de cualquier forma. Son personas normales, como tú y yo, y su mensaje está lleno de amor; son maestros, médicos, científicos, comediantes, actores, escritores y autores, gente de todo el mundo, que difunde el mismo mensaje de amor, energía y conciencia. Gracias a todos con los que he tenido el don y el privilegio de encontrarme, estudiar su trabajo y aprender de su mensaje: Dr. Joe Dispenza, Dr. Bruce Lipton, Francisco Alarcón, Dr. Wayne Dyer, James MacNeil, Gregg Braden, Neville Goddard, Alan Watts, Jim Carrey, Albert Einstein, entre muchos otros.

A lo largo de este libro, te encontrarás leyendo lo que parecen ser temas similares o quizás repetitivos. Todo se hace con la intención de reforzar la experiencia por la que estás a punto de pasar. Todo con la intención de ayudarte a recordar lo que se habló anteriormente; todo encaja. Es bastante mágico ver cómo la neurociencia, la física cuántica y la espiritualidad se unen de alguna manera, eso es magia de verdad.

Espero que en este libro encuentres algo que no hayas pensado o encontrado antes. Tal vez encuentres algo que pueda desafiar algunas de las creencias actuales que tienes, creencias que podrían haberte impedido ver las cosas de manera diferente o podrían haberte impedido crear la magia que quieres experimentar en tu vida.

Mi único propósito es compartir cómo he encontrado una nueva forma de pensar, una forma que me ha ayudado a mejorar la forma en que vivo mi vida. Y aunque todavía no domino todos estos conceptos, he experimentado cambios significativos en mi vida y en la gente que me rodea. Estos cambios me han hecho creer en el poder que tengo para crear lo que quiero en mi vida. Estos conceptos me han ayudado a confiar y a fortalecer la habilidad innata que tú y yo tenemos para usar nuestros pensamientos y sentimientos para crear magia en nuestras vidas. Todo lo que te pido es que estés abierto a escuchar una perspectiva diferente. Abre tu mente y tu corazón a algo nuevo. La magia está a una decisión de distancia.

La Magia de la Mente

Para explicar lo que es *la Magia de la Mente*, primero tengo que explicar lo que es el «juego de manos». Mientras estudiaba y hacía magia, me enamoré de la idea de volver a sentir la maravilla infantil, de sentir que todo puede suceder y de experimentar lo imposible. Por alguna razón, quería compartir este sentimiento con otros. Quería hacer que la gente se sintiera maravillada de nuevo. Quería recordarles a todos cómo algo tan simple puede ser tan increíble. Como mago, soy capaz de manipular cartas o cualquier otro objeto pequeño, usando la coordinación de las manos y la destreza de los dedos. Esto sucede sin que nadie se dé cuenta, y sucede justo delante de ti. Tal dominio de las manos (junto con otros principios de los que hablaré en este libro) ayuda a crear esa experiencia de magia desde tu punto de vista. Esto se llama «juego de manos».

La Magia de la Mente es el arte de dominar tu mente. *La magia mental* es tu habilidad innata para usar tu conciencia y conocimiento a través de tus pensamientos y sentimientos, para crear y experimentar la magia en tu vida. La «mente» es tu cerebro y tu corazón en acción, que se activan cuando practicas la conciencia y el conocimiento. Sorprendentemente, estos no están activos la mayor parte del tiempo. Más adelante explicaré cómo activarlos y por qué. En este momento, lo más probable es que no estén activados.

¿Sabías que vives, aproximadamente, el 95 % de tu día en piloto automático? ¿Sabías que tu vida diaria está siendo ejecutada por un programa de ordenador (tus hábitos) y que este programa te ha convertido en un zombi, yendo de un lugar a otro, haciendo lo mismo que hiciste ayer y que, probablemente, harás mañana? (Sí, esto probablemente te está pasando a ti, aunque ahora mismo puedas estar pensando: «¡Ese no soy yo!»). No te preocupes, te explicaré todo esto en el Capítulo 2, Ilusiones.

Imagina ser capaz de controlar lo que piensas y lo que sientes, todo el tiempo, independientemente, de cualquiera de las circunstancias de tu entorno. Imagina ser capaz de enfocar tus pensamientos y sentimientos para vivir siempre en tu estado natural de ser: amor, felicidad, paz y alegría. Imagina vivir sabiendo que eres ilimitado, completo y enamorado de la vida. Imagina ser capaz de pensar y sentir y, lo más importante, ver y crear magia en tu vida. Si puedes dominar tus pensamientos, puedes dominar tus sentimientos. Domina tus sentimientos y te dominarás a ti mismo. Domínate a ti mismo y empezarás a experimentar milagros en tu vida. Esto es *la Magia de la Mente*.

El «yo» de la Magia

La mayoría de los magos se metieron en la magia a una edad temprana. Veían a un mago en una fiesta de cumpleaños o a alguien de su familia, ese extraño y divertido tío, les mostraba el par de trucos de magia que tenía bajo la manga o alguien les daba un kit de magia como regalo de cumpleaños. Ese no fue mi caso. En realidad, me metí en la magia a los 22 años. Acababa de terminar de ver una película, *El Increíble Burt Wonderstone*. Esta película es una comedia, donde un mago de la vieja escuela se enfrenta a la realidad de que ya no está de moda. Me encantó.

Esta película me recordó que siempre me ha gustado la magia, pero, más, que mi amor por la magia, me recordó que amo las emociones y sentimientos que la magia hace sentir a la gente. Me parece muy poderoso poder darle a alguien un momento que no puede recrear, un *momento imposible*. Este momento especial se siente como un hermoso regalo. Se siente como un regalo imposible; un momento tan especial que solo puede vivir en tu memoria y en tu imaginación, una experiencia que no puede repetirse nunca. Así es: la sensación que tienes, en el momento exacto en que experimentas algún truco de magia por primera vez, nunca podrá repetirse o recrearse. Si ves el truco hecho por segunda vez, tu primera reacción no podrá volver a sentirse nunca más, ya que ahora sabes lo que va a pasar.

Para mí, la magia es el regalo de un momento diseñado solo para ti. Ahora entiendo que cuando hago un truco de magia, la magia no ocurre en mis manos. Piensa en ello: yo sé dónde está el movimiento secreto, sé cómo funciona el truco. La magia ocurre en tu mente. La magia solo existe dentro de tu comprensión de lo que está sucediendo en ese mismo momento. Todo lo que he hecho es crear el ambiente en el que puedes ver que este milagro ocurre. Tu cerebro es la única cosa que está *doblando* la realidad por ti. Tu percepción de lo que está sucediendo está creando ese momento mágico. Ese es un regalo realmente genial.

Cuanto más me adentraba en la magia, más me fascinaba comprender por qué funciona la magia y cómo se diseñan los trucos de magia. Descubrí la increíble cantidad de habilidad y pensamiento que hay detrás de la creación de tan maravillosas experiencias. También empecé a realizar y mostrar la magia a los demás, y esto es toda una experiencia por sí misma: aprendes mucho sobre ti mismo poniéndote enfrente de los demás. Fue entonces cuando empecé a ver la magia como una forma de arte, como una pieza de actuación. Empecé a entender que hay mucho más que solo saber el secreto detrás del truco. Empecé a entender que saber *cómo* se hace el truco, es solo el 30 % de toda la experiencia. En realidad, es la *actuación* lo que hace la magia. Es lo que digo durante la actuación, es la habilidad de relacionarse y conectarse con otros, lo que hace la magia. Sin ti, no hay «yo» en la magia.

Después de un tiempo, me encontré experimentando la magia a través de los ojos de otras personas. Desarrollé una conexión con lo que otros sienten mientras hago magia. Esta conexión me ha ayudado a darme cuenta de que la magia es un regalo, un regalo que solo puede ser experimentado en el momento presente. Es un momento personal compartido entre tu conciencia y mi conciencia. Es un regalo tanto para ti como para mí, un momento en el que algo imposible se convierte en posible. Esta idea de que lo imposible se hace posible, me hizo preguntarme si podría experimentar momentos mágicos en cada aspecto de mi vida. Aquí es donde comenzó la idea de este libro.

La Magia Sucede

A medida que continúo haciendo mis presentaciones, haciendo magia y desarrollando mi carrera como conferencista y maestro, noto que hay algunos principios de psicología en esta forma de arte que son muy interesantes y poderosos, principios que se basan en el comportamiento humano y en cómo funciona el cerebro. Como mago, utilizo cosas como tu percepción, imaginación, suposiciones, lenguaje corporal y tu atención enfocada para crear la experiencia de la magia, que, por cierto, solo ocurre en tu cabeza.

Siempre me ha fascinado cómo un mago puede hacer un *movimiento secreto* a plena vista, sin que nadie pueda ver lo que realmente está pasando. La mayoría de los movimientos secretos suceden justo delante de ti y, cuando se realizan bien, nunca los notarás. Cuando se experimenta un truco de magia, la única diferencia entre tú y yo es el conocimiento: yo sé cómo se hace el truco. Así que quiero compartir contigo una de las mayores lecciones que la magia me ha enseñado:

Cuando miras algo imposible, en cualquier área de tu vida, no es que no puedas hacerlo, es solo que no sabes *el cómo*... No todavía, por lo menos.

Simplemente sé cuál es el secreto, sé dónde y cuándo ocurre el *movimiento secreto*. Eso es realmente todo, eso es magia. Así que, cuando aplicas este concepto a tu vida, solo significa que si piensas en algo que realmente deseas y si parece imposible de obtener, no es que no puedas hacerlo; es solo que no sabes cómo... no todavía, por lo menos. Y eso puede cambiar.

En un nivel más personal, la magia me ha ayudado a llevar momentos de alegría y un sentido de maravilla a la gente. Eso, para mí, es un regalo en sí mismo. Me hace sentir tanta alegría y felicidad ver a los adultos recordar lo que es ser un niño otra vez, sentir el asombro infantil, dejar de ser adultos por un momento. Me encanta ver cuando la gente está en contacto con la parte invisible de ellos que *sabe* que todo es posible –todos tenemos una. Siempre ha estado ahí, nunca se ha ido. Cuando éramos niños, solíamos saber que *todo* era posible, pero dejamos que nuestros malos hábitos, nuestros egos y nuestras limitadas percepciones de la realidad crearan creencias limitantes en nuestras vidas, distrayéndonos de la verdad de que todo es posible. La magia, por un segundo, nos pone de nuevo en contacto con el verdadero poder y el conocimiento de que lo imposible es posible.

Cuanto más estudiaba y realizaba la magia, no podía dejar de pensar: «Tal vez haya una forma de crear magia de verdad en mi vida. Tal vez la maravilla infantil es algo que puedo experimentar todo el tiempo. Tal vez hay una manera de experimentar milagros en mi vida». Si la vida es una ilusión (también profundizaremos en esto en el Capítulo 2), cómo puedo crear una mejor?, ¿podría usar mi percepción de las cosas, mi imaginación, mis pensamientos y mis sentimientos para crear y experimentar la magia en mi vida? La respuesta a todo esto es «Sí, es posible».

Quiero ser claro sobre algo: este no es un libro sobre el pensamiento positivo o un libro de autoayuda. Este no es un libro sobre pensamientos felices. Créeme, he intentado pensar positivamente antes y siempre he sentido que me faltaba una parte de esa ecuación. Si te has sentido de la misma manera antes, preguntándote si hay algo más que solo pensar en positivo, bueno..., tienes razón, hay más por descubrir. Este libro pretende ser una herramienta para ir más allá de ese punto.

La Magia es Real

Creo que es muy importante hablar de los milagros, de lo que son y de tu relación con ellos. Algunas personas creen en ellos mientras que otras no, y hay algunos que no se preocupan realmente por ellos. Espero que seas capaz de ser consciente de que todo en esta vida es un milagro. Ni a ti ni a mí nos enseñaron a ver las cosas a través de esta verdad universal. La mayoría de la gente no fue educada en la comprensión de lo que son los milagros, lo que representan y cómo interactuar con ellos.

Las personas que creen en los milagros experimentan más milagros que las que no creen en ellos. Esto es solo un hecho. Y la única razón por la que experimentan más de ellos es porque, al poner su atención y conciencia en la posibilidad de que algo increíble suceda en sus vidas, simplemente sucede. Recuerda, en lo que pones tu atención, crearás más de lo mismo.

Este va a ser un tema recurrente a lo largo del libro, así que me encantaría que te familiarizaras con él:

«Donde pones tu atención es donde pones tu energía».
- Dr. Joe Dispenza

Como ser humano, usas tu energía interior, a través de tu atención. A lo que sea que tú elijas darle tu atención en particular, esa persona, objeto, actividad, cosa o tú mismo, tiene tu energía. Así que, si pones tu atención en quejarte del clima, el Universo te traerá más experiencias de las que quejarte, ya que estás poniendo tu energía en ello. Por el contrario, si pones tu atención en lo afortunado que eres al vivir esta vida, el Universo te traerá más experiencias para que sigas sintiéndote afortunado, ya que estás poniendo tu atención en sentirte próspero.

Los milagros parecen ser impredecibles. Esto se debe a que un milagro solo puede existir en lo desconocido. Si pudieras predecir lo que va a suceder, no sería un milagro. Para crear más milagros en tu vida, debes crear algún tipo de espacio vacío en tu vida para que estos se aparezcan. *Debes crear más desconocido en tu vida.* Si no creas ese espacio vacío, no hay forma de que ocurra un milagro, no hay lugar donde pueda caber. Debes estar abierto a no saber lo que va a suceder a continuación en tu vida. Te invito a dejar de intentar llenar tu vida diaria con tareas, cosas que hacer y horarios a seguir. Crea espacios vacíos para que *lo desconocido* exista en tu vida. Deja de intentar saber lo que va a pasar cada segundo de tu día. Está bien no saber. Empieza a prestar atención al hecho de que eres afortunado y que todo siempre te sale bien. Empieza a decirte a ti mismo que eres el receptor de sorpresas inesperadas en tu vida. Empieza a decirte a ti mismo que atraes milagros.

Se podría argumentar que los milagros son solo coincidencias. Gracias por mencionarlo. Tienes toda la razón: un milagro es una coincidencia. Si analizamos la palabra «coincidencia», podemos ver que «co» significa «juntos» e «incidente» significa un evento o acontecimiento que ocurre. Así que, si juntamos esto, una coincidencia es la co-creación (dos elementos que se juntan) de un evento que simplemente ocurre. En este caso, los co-creadores de este evento son tú (la parte invisible de ti que está conectada al Universo) y la Inteligencia Divina (La Energía Divina en el Universo). Así que, tienes razón, un milagro es una coincidencia (una co-creación) entre tú y el Universo; una co-creación entre la parte interna de ti y la parte externa de ti.

A ti y a mí nunca nos enseñaron a interactuar con los milagros. A ti y a mí nos dijeron que los milagros solo pueden ocurrir una vez en una luna azul y, muy probablemente, no a ti. Pero ahora es el momento de cambiar tu relación y tu comprensión de este tema. Ahora es el momento de empezar a desarrollar una relación cercana con los milagros y la magia real. Eres un imán de milagros. Empieza a ver y experimentar milagros en tu vida. Empieza a aceptar que ocurren. Después de todo, si te miras de cerca, eres un milagro (explicaré esta parte de ti como un milagro en el Capítulo 8, Comprendiendo la Verdadera Magia).

El Universo, esta Inteligencia Divina, te habla a través de los milagros, son su lenguaje. Y la parte más interesante de esto es que, si no estás abierto a ver y experimentar milagros en tu vida, simplemente pasarán de largo, aunque estén justo delante de ti. Tratarán de llamar tu atención, quieren que los notes y, a menos que estés abierto a ellos y tengas la conciencia para recibirlos, no serás capaz de reconocerlos. Reconocer los milagros requiere un nivel de conciencia y conocimiento que necesitas desbloquear. Es una vibración más alta que necesitas experimentar y permanecer en ella. Solo porque alcances este nivel de conciencia una vez, no significa que te quedarás allí para siempre; si alejas tu conciencia de él, puedes fácilmente volver a caer en la ceguera. La conciencia milagrosa es un estado constante de ser en el que debes aprender a vivir.

Un milagro se define como un evento sorprendente y extraordinario que es inexplicable por leyes naturales o científicas. Lo que me gustaría recalcar de esto es la idea de que un milagro es algo fuera de lo común. Esta es la parte en la que debes aprender a **NO** vivir tu vida en el pasado (lo que haces el 95 % de las veces) y aprender a vivir la vida en lo inesperado (leerás más sobre la vida en el pasado, en el Capítulo 3, El Poder del Cerebro).

Estoy seguro de que has experimentado algún tipo de milagro en tu vida. Podría ser cualquier cosa, desde pensar en un viejo amigo y que ese amigo te contacte poco después, hasta experimentar un momento muy «afortunado» e inesperado, como encontrar dinero en la calle, etc. De lo que no te diste cuenta en ese momento, y que espero que empieces a darte cuenta ahora, es que SÍ fue una *coincidencia*, una co-creación entre tu parte interior y la Energía Divina, que vive en todas partes y en todo.

Hay un detalle más importante que mencionar para entender cómo funcionan los milagros: no puedes controlar las circunstancias o condiciones que rodean a un milagro. No puedes decir *qué, cuándo o cómo* un milagro se mostrará en tu experiencia de vida. No puedes forzar que un milagro te suceda, solo puedes estar abierto a recibirlo y, créeme, lo recibirás.

La forma de atraer un milagro a tu vida es prestando atención a los sentimientos que sentirías si obtienes lo que deseas. También debes saber que este milagro que entra en tu vida puede no ser exactamente lo que querías. Puede que no sea exactamente lo que pensabas que sería, pero te prometo que te hará sentir de la misma manera que si hubieras obtenido la cosa *que pensabas que querías*. Este milagro te hará sentir el amor, la paz, la alegría, la abundancia, la seguridad, el amor con la vida, la magia, el poder, la suerte, que estabas buscando. Y la razón de esto es que realmente no quieres lo que crees que quieres. Debes aprender a mirar más allá de lo que quieres. Por ejemplo, realmente no quieres más dinero, quieres sentirte seguro. Realmente no quieres tiempo extra en tu día, quieres sentirte libre. No quieres deshacerte de una adicción, quieres sentirte saludable, etc.

Por lo tanto, para permitir un milagro en tu experiencia de vida, tienes que combinar tu intención (definiendo lo que te gustaría experimentar y los sentimientos relacionados con esa experiencia) con tu atención (siendo consciente de los pensamientos y sentimientos relacionados con esa experiencia en particular, en otras palabras, cómo se siente vivir la vida como si ya tuvieras lo que deseas). El resto no depende de ti. Mantén la mente abierta. Busca los milagros, están en todas partes. Aprende a *ver* milagros. Aprende a identificar cómo es la verdadera magia. Construye una relación con esta Fuerza de Amor, el Universo. Recuerda:

«Los que creen en los milagros, experimentan más de ellos».
- James MacNeil

Un milagro no es un milagro a menos que sea reconocido.

Capítulo 2
Ilusiones

La Ilusión de la Vida

Tú no eres tú. No eres quien crees que eres. No eres un cuerpo físico que tiene una energía/alma en su interior; no eres tu nombre; no eres tu edad; no eres tu identidad; no eres tu personalidad; no eres ni siquiera un marido, una esposa, un hermano, una hermana, una madre, un padre, un empleado o un amigo. No eres quien crees que eres.

Tú eres tú. Eres lo que *sientes* que eres. Eres un ser espiritual en una forma física. Estás colocado en esta vida para experimentar felicidad, amor, paz y alegría. Tú eres pura Energía Divina. Eres parte de todo y estás conectado a todo. Eres todo lo que crees que eres. Eres parte de la Inteligencia Divina que creó toda la vida. Eres un creador. Eres ilimitado. Eres poderoso. Eres creativo. Eres grande. Eres amor. Eres compasión. Eres parte de la Energía Infinita que creó todos los mundos y puedes crear tu propio mundo.

Tu identidad y personalidad son solo pensamientos que te repites todos los días y cada momento de tu vida. Cuando te despiertas por la mañana, consciente e inconscientemente, te dices a ti mismo que tienes un cierto nombre, que perteneces a una cierta ciudad, que perteneces a un cierto grupo, que tienes una cierta edad, que tienes un cierto trabajo, que tienes una familia, que eres de una cierta etnia, etc. *Toda tu realidad personal está basada en pensamientos e información que fueron creados en el pasado*. Toda esta información fue creada en el pasado o se te fue transmitida.

Esta información son solo ideas que tú has decidido creer y asimilar como tus verdades. Tú estás decidiendo repetir estas ideas una y otra vez, todos los días. Imagina hacer esto durante años. Imagina repetir cierta información de lo que crees que eres, como tu nombre, sexo, edad, de lo que eres y no eres capaz, etc., una y otra vez, sin que seas consciente de lo que está pasando. Sin que lo sepas, estás viviendo dentro de una ilusión perfecta que has creado para ti mismo. Y todo está basado en información y eventos que ocurrieron en el pasado. Y lo peor es que podrías estar tan profundamente sumergido en estos pensamientos y patrones tan repetitivos que ahora mismo tu cerebro podría estar tratando de argumentar que lo que digo está mal: «¿Cómo podría no ser yo mismo?». Por favor, solo ábrete a escuchar esto:

«Eres una compilación de pensamientos, emociones y conductas habituales que has elegido repetir una y otra vez».

La bola de nieve de tus pensamientos, emociones y comportamientos repetitivos se hizo tan grande que es casi imparable y casi imposible de entender. Realmente crees que eres tu nombre, tu edad, tu título de trabajo, tu identidad y tu personalidad. Pero no eres quien crees que eres. Recuerda: las creencias son solo pensamientos que te repites constantemente.

La vida como la conoces es solo una ilusión. Como humanos, hemos creado una serie de ideas que «ayudaron» a dar forma a lo que conocemos como sociedad (personalmente no creo que estas ideas hayan ayudado demasiado). Todas estas ideas se convirtieron en lo que ahora crees que es la forma en que *se supone que funciona el mundo*: gente que va a trabajar, que tiene un trabajo, que paga impuestos, que ahorra para el futuro, que compra productos comercializados, que busca jubilarse, clases medias/altas/pobres, etc. Pero todos estos conceptos son solo una serie de pensamientos e ideas que tú y yo repetimos una y otra vez y, finalmente, los aceptamos como verdades; se convirtieron en nuestras creencias.

Y la mayoría de las veces, sin saberlo, estas ideas terminaron creando creencias limitantes en nuestras vidas; creencias que se interponen en el camino para que realmente alcances tu máximo potencial. Son creencias limitantes que nos ciegan a ti y a mí de la comprensión de quiénes somos realmente: un poderoso ser de *energía espiritual*, que vive en forma física, capaz de crear y manifestar milagros en nuestras vidas.

Tú y yo hemos elegido seguir ciegamente lo que otros han repetido en sus cabezas y vidas durante siglos. Y casi nunca te has detenido y tratado de averiguar la verdad..., las respuestas a por qué estás aquí en este Universo. ¿Por qué existo ahora? ¿Por qué no hace cien o mil años o incluso no diez años antes?

Quizá hayas creado una *ilusión* similar a la que acabo de describir, sin haberte dado cuenta. Puedo asegurarte que no era tu intención. Solo estabas siguiendo un patrón de vida que te ha sido transmitido. Te enseñaron a vivir en esta *ilusión*, donde todo es de una cierta manera, basada en cómo todos los demás siempre han vivido sus vidas. Te enseñaron a vivir en esta *ilusión* donde tienes que buscar algo en el exterior que te haga sentir feliz y completo en el interior (como comprar un coche, una casa, un teléfono nuevo o conseguir un nuevo trabajo o mudarte de casa, etc.).

Se te enseñó que solo trabajando duro y sufriendo largas horas podrás conseguir éxito: «El éxito solo viene con el trabajo duro». Se te enseñó que comprar cosas, estar ocupado, estar estresado en el trabajo, pagar una hipoteca, correr de un lugar a otro, es la forma en que se supone que la vida debe de ser. Pero todo es una ilusión. Nada de esto es verdad. No estás aquí para sobrevivir. Estás aquí para crear. Estás aquí para experimentar el amor, la felicidad, la paz y la alegría. Todo lo demás es solo una ilusión creada por la separación, por el miedo. Todo lo demás es una idea creada por el ego humano.

Espero que estas últimas páginas hayan abierto tu mente a la posibilidad de que, tal vez, haya algo en lo que no haz estado pensando, algo un poco diferente a lo que estás acostumbrado. Empezaré a explicarlo todo a un nivel más profundo. Pero por ahora, gracias por estar abierto a comprender que fuiste colocado en este Universo para experimentar amor, felicidad, paz y alegría. Todo lo que está fuera de eso no es natural.

Recuerda esto: lo que es normal en estos días (personas que sienten estrés, ansiedad, escasez, ira hacia los demás, corren en la desesperación porque llegan tarde, no disfrutan de la vida) no es natural. Y lo que es natural (sentir amor, felicidad, paz y crear milagros en tu vida) no es normal (no se ve muy a menudo).

Modo de Supervivencia vs. Modo Creativo

Tu cuerpo es un instrumento de perfección. Dentro de él, hay un flujo natural de energía destinado a ser utilizado de dos maneras muy diferentes: para sobrevivir y para crear. Este flujo de energía se mueve a través de ocho centros de energía en todo el cuerpo. Un centro de energía es una concentración muy fuerte de energía dentro de tu cuerpo, que podrías conocer con el nombre de *chakras*.

El primero está situado detrás de tus órganos reproductivos. El segundo está detrás de tu ombligo. El tercero se encuentra en la parte superior de tu estómago —donde sientes las mariposas—. El cuarto está dentro de tu cavidad torácica, tu corazón, y este es el centro de energía más grande que tienes. El quinto se encuentra en medio de tu garganta. El sexto es tu tercer ojo, en medio de tus cejas y detrás de tus ojos. El séptimo está en la parte superior de tu cabeza, dentro de la parte superior de tu cráneo. Y el último, el octavo, está a un metro y medio por encima de tu cabeza. Este es el único centro de energía que se encuentra *fuera* de ti.

Estos centros de energía están destinados a ayudar a crear un flujo perfecto de energía en todo el cuerpo, pero la mayoría de la gente tiene su energía atrapada en los tres primeros centros. Estos tres primeros centros tienen que ver con tus sentimientos. Aquí es donde existe tu modo de supervivencia (sentirse estresado, ansioso, temeroso, enojado, triste, etc.). Y si no puedes dejar que la energía fluya más allá de este modo de supervivencia, nunca pasará de los tres primeros centros de energía a los cinco últimos centros de energía, donde existe tu modo creativo.

Modo de Supervivencia

Retrocedamos en el tiempo a la era prehistórica. Imagina un hombre de las cavernas. Ahora, imagina que este hombre de las cavernas ve un T. rex gigante. En ese momento exacto, su modo de supervivencia se activó. Viendo el peligro inminente activó su instinto de supervivencia de lucha o huida. Este modo de lucha o huida, libera una reacción química conocida como adrenalina, junto con sentimientos de ira, miedo, estrés y ansiedad, que están destinados a ayudar a este hombre de las cavernas a luchar o a huir para salvar su vida. En este caso, el cavernícola elige escapar y corre tan rápido como puede. Una vez que está lejos del peligro y el T. rex ya no está en el cuadro, es capaz de volver a vivir una vida pacífica. Vuelve a un estado natural de ser.

Todos los animales y los humanos tenemos este modo de supervivencia como parte de nuestra naturaleza, nos ayuda a mantenernos vivos. Sí, hoy en día ya no existe ningún T. rex corriendo por ahí comiendo gente, pero lo interesante es que, en el mundo actual, has creado múltiples T. rex, no de carne y hueso, sino en pensamientos. Y lo peor es que para ti, estos dinosaurios nunca desaparecen. Siempre estás huyendo y siempre estás luchando. Estás viviendo la mayor parte de tu vida en modo de supervivencia.

El T. rex de hoy tiene diferentes formas. Tu(s) monstruo(s) aparece(n) en forma de tu trabajo, las cuentas que tienes que pagar, las deudas, los correos electrónicos del trabajo en medio de la noche, el tráfico, tu rutina, un miembro de la familia que no te gusta, los recuerdos de algo que te pasó hace un par de años, la falta de dinero, la excesiva cantidad de cosas por hacer, un conocido que no te gusta, algo que viste en los medios sociales, la forma en que alguien reaccionó a algo que publicaste en las redes sociales, esa persona que te cortó el paso en el tráfico, algo que escuchaste en las noticias, etc. ¡Tú dilo!

Este T. rex puede tomar muchas formas diferentes. Pero lo interesante es que durante todo el día, estás poniendo tu atención (tu energía) en cada una de estas diferentes formas. Desde el momento en que te despiertas hasta el momento en que te acuestas, estás pensando en estos T. rex. Siempre están presentes, haciendo que liberes adrenalina, creando sentimientos de miedo, estrés, ansiedad e ira. Estos T. rex son tan poderosos que incluso cuando no estás físicamente en ninguna de las situaciones mencionadas anteriormente, sigues pensando en todas ellas. Piensas en ellos en tu viaje al trabajo, en la ducha, cuando comes, incluso cuando estás en la cama. Así es como te mantienes en modo de supervivencia todo el día. Así es como no puedes dejar que tu energía vaya más allá de tu modo de supervivencia. ¡Tu T. rex nunca desaparecerá!

No te preocupes, hablaremos de cómo superar el modo de supervivencia más adelante.

Modo Creativo

Tu modo creativo comienza en tu corazón, que es el centro de energía más grande que tienes. Tu modo de creación es tu estado natural de ser. Es donde la felicidad, el amor, la paz y la alegría, están siempre presentes. Desde este estado de ser, eres capaz de crear nuevas experiencias y manifestar nuevas cosas en tu vida: milagros. Debes ser capaz de superar tus emociones de supervivencia, y aprovechar las emociones creativas de felicidad, amor, alegría y paz para crear lo que quieres para tu experiencia de vida.

Como se ilustra en el ejemplo del T. rex, mientras sientas las emociones de miedo, estrés, ira y ansiedad, tu mente no podrá concentrarse en la creación. ¿Cómo podrías hacerlo? Cuando estás en modo de supervivencia es hora de huir, es hora de defenderte, es hora de escapar. Intenta analizarte a ti mismo. Puede que descubras que el 99 % de las cosas a las que prestas atención en tu vida diaria, te están causando algún tipo de emociones de supervivencia, que te impiden aprovechar tu modo creativo.

En los siguientes capítulos, también nos adentraremos en cómo aprovechar este modo creativo, con ejercicios y más teoría que te ayudarán a familiarizarte con todos estos conceptos. Por ahora, solo quería compartir contigo estos dos modos de vida diferentes y la importancia de ser capaz de identificar esa diferencia entre ellos. Quieres ser capaz de permanecer en tu modo creativo el mayor tiempo posible? Lo digo de nuevo: este es tu estado natural de *ser*.

Una forma sencilla de empezar a notar en qué modo estás viviendo, es ser el observador de tu vida. Recuerda: tu corazón es el epicentro de todos los sentimientos increíbles que podrías experimentar. Debes entrenarte para *pensar* con tu corazón. Todas las respuestas viven ahí. Si en algún momento de tu vida algo te preocupa, simplemente pregúntate, mientras te centras en ese centro de energía: «¿Lo que estoy a punto de hacer (pensar o decir) me traerá paz? ¿O me traerá confusión?». Siempre haz, piensa y di lo que te traiga paz y alegría.

La Ilusión de la Separación

A ti y a mí nos enseñaron a creer que todo está separado de nosotros. Se te enseñó que estás separado de mí y que lo que deseas en este mundo físico está separado de ti. Incluso la forma en que te enseñaron a hablar es un programa que crea más separación (explicaré esto en los siguientes párrafos). Nada de esto es cierto y la comprensión de la verdad es parte del proceso de manifestación.

Tú y yo no estamos separados. Tampoco estás separado de la persona que te cortó el paso mientras conducías. Tampoco estás separado de todo lo que deseas. Porque tú tienes un cuerpo y yo tengo un cuerpo, puede parecer que estamos separados, pero no lo estamos. La energía que vive dentro de ti (de lo que estás hecho), también vive dentro de todos y de todo; sí, dentro de los animales y los objetos también. Todo en este Universo está hecho de energía. Todo está hecho de esta Fuerza Energética Divina. Está en todas partes, es universal. Está en todo, de otra manera, no se llamaría universal. Por lo tanto, cuando comprendes que todo lo que deseas ya está en este mundo físico, cuando comprendes que tú y yo somos la misma energía, sabes que no estás separado de nada ni de nadie

Piénsalo de esta manera: es como si tratara de convencerte de que tu meñique está separado de tu pulgar. Sí, mirando la imagen más pequeña, parece que tus dedos están separados, pero tu pulgar y tu meñique están unidos a tu mano, que está unida a tu brazo, que está unido a tu cuerpo. Están unidos a algo más grande y siguen siendo parte de lo mismo. La Fuerza Energética, de la que está hecho el Universo, es tu cuerpo; y tú y yo y todo lo que deseas, son los pequeños dedos de esta energía en el Universo..

El lenguaje también puede reforzar esta ilusión de separación. Estas son algunas de las palabras que usas para crear la separación entre tú y tus deseos: quiero, deseo y espero. Al decir esas palabras, estás poniendo tus deseos en el futuro y estás poniendo tus deseos fuera de ti. El futuro nunca llegará a ti, ¡está en el futuro! Al decir estas palabras, estás reconociendo que ahora mismo, en este momento presente, no tienes lo que deseas, no estás experimentando nada de eso. Aunque te sientas feliz cuando «deseas, quieres o esperas» algo, lo que realmente estás haciendo es poner tu atención en la falta de ello, en lugar de ponerla en creer y sentir como si ya lo tuvieras.

En el Universo Espiritual no hay tiempo, el tiempo es solo una ilusión creada por el hombre. O eres o no eres; no existe el seré (o el obtendré). En el momento en que deseas, esperas o dices que quieres algo, estás creando una separación de ello. Lo estás poniendo en algún lugar en el tiempo que no es ahora mismo. Estás poniendo tu deseo en algún lugar en el tiempo donde nunca lo experimentarás: el mañana.

Eres tan duro contigo mismo cuando no tienes ese deseo en el que has estado trabajando durante mucho tiempo. Lo que no te has dado cuenta es que has estado creando, con tus palabras, una separación entre tú y tu deseo.

Debes *ser* tu deseo, para *atraer* tu deseo a tu vida. Debes ser feliz para atraer más felicidad; debes ser amor para atraer el amor; debes sentir y ser abundante para atraer más abundancia. Debes sentirte saludable (con tu imaginación y sentimientos) para atraer la salud a tu vida. Aunque tu experiencia física te muestre algo diferente, recuerda que tu *mundo físico* es solo una ilusión. Tu mundo exterior es solo un reflejo de tu mundo interior. Deja de usar quiero, deseo o espero para hablar de tus deseos.

No hay separación, solo la ilusión de ella. Todos venimos del mismo lugar, la energía, y todos somos uno. Y aunque no lo parezca todos y cada uno de nosotros somos una expresión de amor. Si eres capaz de comprender que todos tus deseos están unidos a ti por energía (como los dedos de tu mano), entonces, lo que deseas tiene que venir a ti, ya que ya está *aquí*, ya es parte de ti y ya existe en este mundo físico. Realmente te estás alineando con él. Todo lo que deseas es una extensión de ti.

Todos Somos Uno

Me encantaría compartir una de las mejores analogías que he

escuchado sobre la comprensión de cómo todos somos uno. Entre uno de los más grandes maestros de metafísica que este planeta ha tenido, el Dr. Wayne Dyer, y mi interpretación de su analogía del océano, mi esperanza es compartir contigo la comprensión y el amor del hecho de que *todos somos uno*.

Imagina un océano hermoso, poderoso y vasto. Si sumerjo un vaso en ese océano y pongo ese vaso en una mesa, ¿qué hay dentro de ese vaso? La respuesta es agua del océano, ¿verdad? Ahora imagina que tomo un segundo vaso y también sumerjo este segundo vaso en el océano, y lo pongo en una mesa diferente. ¿Qué hay dentro de este segundo vaso? La respuesta también es agua del océano. El hecho de que ponga un vaso en una mesa y otro vaso en otra mesa, no significa que contengan agua diferente. Ambos vinieron del océano y siguen siendo agua del océano. Ahora imagina que hago lo mismo con cientos y cientos de vasos, y los pongo por todos lados, en diferentes mesas, y quizás muchos de ellos comparten la misma mesa. Todos tiene dentro lo mismo: agua del océano.

Ahora imagina que el océano no es un océano. Imagina que el océano es una fuente de energía infinita. Imagina que este océano es la energía de la que todo está hecho. Ahora imagina que todos los vasos de los que hablaba en el párrafo anterior, no son vasos. Imagina que todas estos vasos son estuches de carne y hueso (tu cuerpo). ¿Ves a dónde quiero llegar con esto? Tú y yo somos los vasos y lo que hay dentro de nosotros es *todo* lo mismo, una parte de la Fuente. Todos somos parte de esta Energía Divina de Amor.

Así que, si somos los vasos y esta Energía Divina es el océano, todos somos parte de la misma Fuente. No solo venimos de la misma Fuente, sino que todos somos iguales en nuestra fuente principal: el amor. Solo porque hayas venido a este mundo en un vaso que se parece a ti, no significa que seas diferente de otro vaso que vive en un país diferente o de otro vaso que te corta el paso en el tráfico o de otro vaso que no comparte las mismas creencias que tú o de otro vaso que no mira la vida de la manera que tú lo haces, etc. La parte invisible de ti y de mí es la misma, todos somos iguales. Todos somos uno con la Fuente. Todos somos uno.

Espero que seas capaz de aceptar este entendimiento. Es bastante cálido y, lo más importante, es verdad. Después de entender algo así, ¿cómo puedes estar enfadado o ser malo con alguien más? ¿Cómo puedes intentar hacer que alguien se sienta mal, aunque sea por accidente o de forma no intencionada? Siempre serías consciente de todo y de todos los que te rodean. Todo lo que verías en los demás es más de ti. Todo lo que verías en los demás es a ti mismo. Todo lo que verías en los demás es amor puro. Todos somos uno. Todos los que te rodean solo reflejan lo que tienes dentro. Una persona (o su acción) no te hace enojar; lo que te hace enojar es lo que ves en esa persona, lo que resulta ser solo un reflejo de algo que podrías encontrar limitante en ti mismo.

Estar enfadado con otra persona, tratar de hacer que otros se sientan mal, señalar los errores de los demás o ser malo con los demás, es redundante, lo estás haciendo contigo mismo. Por eso todo, desde las guerras hasta los insultos, pelear por quién tiene razón y quién no, están dañando a este planeta. En el fondo, todos somos iguales. Física y espiritualmente, todos buscamos una cosa: la paz interior. Cada deseo que tienes, cada deseo que te gustaría cumplir, cualquier cosa, grande o pequeña, todo lo que quieres al final del día es sentir paz. Y lo mismo hacen todos los demás en este planeta, incluyendo los animales y la naturaleza.

Cuando todos en este mundo vivan con la comprensión de que todos smos uno, el amor será lo único que nos unirá a todos. Entenderemos que el planeta también es uno con nosotros. Todos comprenderemos finalmente que todo lo que le estamos haciendo a este planeta y a las criaturas vivas que hay en él, nos lo estamos haciendo a nosotros mismos. Realmente creo que si todos pudiéramos vivir con este pensamiento y comprensión de la vida, el mundo sería un lugar aún más amable, pacífico y amoroso. Todos deberíamos vivir como la hermosa canción *Imagine*, escrita por John Lennon:

«Espero que algún día te unas a nosotros. Y el mundo vivirá como uno solo».
- John Lennon.

La Ilusión del Tiempo

«Vivimos en una cultura totalmente hipnotizada por la ilusión del tiempo».
- Alan Watts

El tiempo es solo una ilusión creada por la humanidad. La verdad es que no hay tiempo. La vida es solo un momento eterno. La vida es simplemente un momento que nunca se detiene. Lo que importa es lo que está sucediendo ahora y ahora y ahora y ahora y...

El tiempo es una idea creada por el hombre para dar algún tipo de *orden y estructura falsa* a una forma de vida controlada y limitada. Cosas como llegar tarde, llegar temprano, quedarse sin tiempo, son ideas para reforzar su apego a esta ilusión de tiempo. Solo tienes este momento presente. La vida es solo un momento que sigue sucediendo. Pero de alguna manera, parece que la humanidad es prisionera del tiempo.

El tiempo fue creado por un pensamiento limitado, un pensamiento que se originó en el miedo y la necesidad de control. El momento presente en el que estás viviendo es todo lo que tienes. Es por eso que permanecer en el momento presente, usando tu conciencia, es una práctica que necesitas dominar. No entregues tu energía a la idea del tiempo. No te dejes atrapar por el pasado (que ya se ha ido y no existe) ni por el futuro (que nunca llegará y no existe). Solo te hará sentir escasez, ansiedad, miedo y estrés. Las reuniones, las citas, la edad, los horarios, los retrasos, son solo ilusiones para controlar tu vida. Estas son ideas que todos experimentamos, ya que vivimos en un mundo que no está en el mismo nivel de conciencia, pero del cual ya no tienes que estar limitado. Es tu elección de ahora en adelante entender que tu vida es solo un momento eterno que sigue sucediendo. No te rindas a esta ilusión de tiempo.

No hay un antes ni un después. El pasado no volverá a suceder; nunca lo hizo. El futuro nunca ocurrirá; nunca llegará. Por eso no puedes poner una meta en el futuro. El futuro siempre estará en el futuro. Tienes que vivir tus sueños y deseos ahora mismo; no puedes ponerlos en el futuro. Tienes que ser esa persona ahora mismo. Tienes que ser feliz, pacífico, saludable, rico, en este momento. Si no eres capaz de empezar, ahora mismo, a vivir la vida desde esa versión más elevada de ti mismo (la versión perfecta de ti que es abundante, feliz, amoroso, saludable, rico, etc.), nunca te convertirás en aquello que sigues colocando dentro de una ilusión que no existe: la ilusión del tiempo. La imaginación no es una herramienta que te fue regalada por casualidad. La imaginación es la herramienta que te ha dado la Inteligencia Divina para que puedas vivir esa vida ahora mismo; ya que *ahora mismo* es el único momento que realmente tienes. No puedes convertirte en algo; simplemente tienes que ser ese algo ahora mismo.

> **«Como piensas, serás».**
> **- Bruce Lee**

Piensa en las personas que, a lo largo de la historia, alcanzaron la grandeza. Podría parecer que empezaron de la nada y, finalmente, consiguieron todo lo que querían. Lo que realmente ocurrió es que lo consiguieron todo porque desde el primer día, desde el principio, vivieron dentro de sus cabezas; vivieron lo que se imaginaban en sus vidas actuales y vivieron sus vidas desde ese lugar más alto. Sus visiones en sus mentes eran tan fuertes y tan claras que vivían en esas vidas antes de que estas estuvieran presentes en el plano de lo físico. Comprendieron que para *conseguir* algo, tienes que ser ese algo. Comprendieron que el momento de *ser ese* algo, era *justo aquí y ahora*.

> **«Ayer es historia, mañana es un misterio, pero hoy es un regalo. Por eso se le llama el presente».**
> **- Maestro Oogway, Kung Fu Panda.**

La Ilusión de Control

Una de las cosas más difíciles de hacer en la vida es aprender a *dejar ir*. Una de las cosas más difíciles de hacer es no pensar en lo que no quieres pensar. Es muy difícil dejar ir la necesidad de controlar cualquier resultado. Es todo lo que nos enseñaron a hacer. Cuando los padres le dicen a sus hijos qué hacer, qué no decir y cómo comportarse, eso es control. Cuando intentas llamar o enviar un mensaje de texto a la persona que realmente te gusta, pero no responde: control. Cuando sientes la necesidad de saber cómo va a transcurrir tu día, los lugares a los que *tienes* que ir, las cosas que has planeado comer, el horario que *tienes* que seguir: control. Cuando sientes la necesidad de hacer algo con respecto a ese otro algo que te está molestando: control. La ilusión de control es una de las más difíciles de romper y está en todas partes.

La ilusión de control solo puede romperse cuando se decide seguir la corriente y dejarse llevar. Entender cómo seguir la corriente es simple, pero complicado. Si llegas «tarde» al trabajo porque estás en un embotellamiento de tráfico o la línea de metro no funciona esa mañana en particular, tu ilusión de control se activa, haciéndote sentir ansioso y estresado. Estás experimentando la ilusión de que las cosas no te están funcionando, mientras que lo contrario es cierto. Siempre estás donde tienes que estar. Siempre estás experimentando lo que es mejor para ti.

Imagina estar en un río lento. Estoy seguro de que puedes imaginar lo relajante que es sentir el agua a tu alrededor y de que puedes imaginar lo suave que es el viaje por el río. ¿Eres capaz de aplicar esa misma sensación a las circunstancias que están sucediendo a tu alrededor en este momento? Si estás atorado en el tráfico, esa experiencia es perfecta para ti en ese momento. Si la fila del supermercado es enorme, esa experiencia es donde necesitas estar ahora mismo. Si la persona que está a tu lado en el tren habla en voz alta por teléfono mientras está en la zona tranquila del tren, estás en el lugar perfecto. Por favor, aprende a estar en paz con lo que es, no importa lo que sea.

El control no existe. El control es solo miedo. El control es solo la resistencia que estás creando contra el flujo que mantiene todo unido. El control es solo tu ego en acción. El control es solo un juicio de lo que piensas que está bien o mal. Cuanto más intentas controlar, menos logras realmente. Dejar ir es confiar en que hay una Inteligencia Divina que mantiene todo en perfecta armonía y que todo se mueve en el lugar y el momento adecuados. Todo está siempre funcionando perfectamente para ti; solo déjalo estar. Estás donde debes estar. Todo a tu alrededor es perfecto. En el momento en que quieres cambiar el comportamiento de alguien o la forma en que algo externo está ocurriendo, estás cayendo en la ilusión de control. La única cosa que puedes cambiar y controlar de verdad eres *tú*.

La Ilusión del Apego

He hablado anteriormente sobre la ilusión de que no eres realmente quien crees que eres y que no eres tu identidad o tu personalidad. La *ilusión* de ti crea una ilusión más profunda, llamada la ilusión del apego, la ilusión de creer que estás definido por tus posesiones materiales (que explicaré más adelante, no son *tuyas*). Así es como quedas atrapado en un circuito eterno que sigue alimentándose a sí mismo: la ilusión de tu persona personalidad refuerza la ilusión de apego, y viceversa; el circuito no tiene fin.

Tu casa no es tuya; tu pareja no es tuya; tu hijo o hija no son tuyos; tu felicidad no es tuya; tu... Déjame intentar explicarte esto. No hay un «mío» o un «tuyo». Las cosas simplemente son; las cosas simplemente existen. Todo en este Universo simplemente está sucediendo. En el momento en que pienses, desde dentro, la identidad y la personalidad que has creído ciegamente que eres, no eres capaz de estar en el presente y no eres capaz de experimentar tu verdadero yo ilimitado, siempre crearás la ilusión del apego.

Aquí hay un ejemplo que espero ilustre lo anterior: «tu casa» no es tu casa; «mi casa» no es mi casa. La estructura que tú llamas «tu casa» y la estructura que yo llamo «mi casa», son la experiencia de *una casa*. Tampoco existe «tu madre» (por ejemplo); esta persona a la que llamas «mamá» es simplemente otro ser espiritual que ayuda a tu energía a vivir la experiencia del amor en forma de familia.

Lo mismo se aplica a los sentimientos. No hay tal cosa como «tu felicidad» y «mi felicidad», solo existe la experiencia de felicidad, la que cualquiera puede sintonizar. No existe tal cosa como «mi abundancia» y «tu abundancia», sino existe la experiencia de abundancia, a la que cualquiera puede sintonizar. O te subes *al tren de estas experiencias* o no lo haces. A través de todo este *juego falso* de tener una identidad, papeles legales, certificados de nacimiento y otras circunstancias, has creado la ilusión de que las cosas son «tuyas», pero no existe tal cosa como «tu __» o «mi __». Todo es simplemente una experiencia.

Quiero ser claro: no estoy diciendo que no quiera que experimentes todo y cualquier cosa que desees en tu vida. Solo estoy diciendo que si eres capaz de desprenderte de la ilusión del apego, experimentarás todo de una manera más profunda y significativa. Esto solo resultará en que seas capaz de sintonizarte con potenciales más altos. Si eres capaz de dejar ir «lo tuyo», «lo mío», «lo de él», «lo de ella», etc., te darás cuenta de que todo ya está sucediendo en este Universo y que cada experiencia ya está sucediendo en este mundo físico en este momento. Felicidad, amor, salud, riqueza, abundancia, libertad, paz, alegría... Todo está sucediendo ahora mismo y puedes experimentarlo cuando no lo haces «tuyo». Simplemente tienes que sintonizar con la vibración de lo que deseas experimentar ahora mismo.

Este Universo es infinito, no puede terminar nunca, ya que no tiene principio. Este Universo es pura abundancia; siempre está lleno de infinita felicidad, paz, alegría, etc. Todas estas experiencias siempre están ocurriendo. Pero en el momento en que traes una *personalidad* a la ecuación —palabras como «mío» y «tuyo»— estás creando separación. Es difícil experimentar algo en su totalidad cuando empiezas a dividirlo en partes. Las cosas simplemente suceden siempre y si puedes deshacerte de la ilusión del apego, dejando ir tu personalidad, crearás una sensación de libertad. Experimentarás las cosas por lo que son: experiencias puras que ya están sucediendo *ahora*.

La palabra personalidad viene de la palabra persona, que en griego significa máscara. Esto significa que tu personalidad es solo una máscara que llevas puesta. Tu personalidad no es realmente el verdadero tú —un ser ilimitado, todopoderoso, lleno de amor y creatividad—. ¿Eres capaz de ver que todo el mundo lleva una máscara de lo que cree que es?

Ilusiones

Es muy difícil para todos nosotros darnos cuenta de que no somos esta ilusión que creemos que somos. Es difícil para cualquiera darse cuenta de que somos pura Energía Divina de Amor que entró en esta experiencia humana llamada vida, para vivir y experimentar los deseos de nuestros corazones. Desafortunadamente, a través de estas ilusiones de apego, control, separación, tiempo y personalidades —nuestros egos— hemos olvidado cómo vivir conectados a la Fuente, hemos olvidado cómo vivir conectados a nuestra verdadera naturaleza amorosa, poderosa y divina.

Rompiendo la Ilusión

Todo en este Universo es energía. Las partículas más pequeñas que existen en este Universo son energía. Todo en este Universo está hecho de energía. Es de lo que está hecha la naturaleza. Es de lo que están hechos los océanos, las estrellas, el Sol, los animales, los árboles, las montañas, las rocas. También es de lo que está hecho cualquier cosa material, como el dinero, los coches, las casas. También es de lo que están hechos los pensamientos y sentimientos. Es de lo que tú y yo estamos hechos. Nuestras células y sus partículas más pequeñas —los electrones— están hechas de energía. Puede parecer que somos materia, pero simplemente somos profundizar en la ciencia de esto, pero espero que seas consciente de que todo en este Universo es energía. Tal vez haya una razón por la que, hacia el final del día, tendemos a decir: «Ya no tengo energía para hacer eso...».

Hay dos mundos de los que debemos ser conscientes: el mundo físico y el mundo espiritual. Por favor, ten en cuenta que ambos forman parte del mismo universo, ya que la palabra *universo* significa uno, pero para poder explicar cada uno de ellos, es más fácil separarlos por ahora. Además, hay otros nombres para el Universo Espiritual, puede que los hayas escuchado: Campo Cuántico, Mundo Invisible, Fuente, Vórtice, Dios, etc. Todos ellos se refieren a este poder superior que lo creó todo.

Me gustaría que pensaras en el Universo Espiritual como «la causa» y en el Universo Físico como «el efecto». La mayoría de las personas tratan de cambiar una situación o circunstancia en sus vidas, desde el Universo Físico (lo cual no es posible). Intentan cambiar la materia con la materia. Pero solo la energía puede cambiar la materia. Si cambias tu energía, cambias tu materia —tu vida—. Así que, si quieres cambiar algo en tu vida actual, o crear algo completamente nuevo, tienes que hacerlo desde dentro del Universo Espiritual. Tienes que hacerlo desde el lugar que es la fuente de todas las cosas y la fuente de toda la energía.

Las leyes del Universo se aplican a ti y a mí, nos guste o no y seamos conscientes de ello o no. Por eso es tan importante tomarse el tiempo para crear la conciencia de todos los pensamientos y sentimientos que pasanpor tu cabeza cada segundo de cada día. Por eso es tan importante tomarse el tiempo para construir una versión perfecta de uno mismo. Por eso es tan importante ir más allá de tu modo de *supervivencia* y vivir en tu *modo creativo*.

Algunas de las preguntas que te podrías estar haciendo ahora mismo podrían ser: «¿Cómo puedo cambiar lo que tiene la ilusión de ser real —lo físico— desde ese lugar que parece no ser real —lo no físico, la energía?». Vamos a saltar a las tres acciones más básicas, pero más importantes que puedes hacer ahora mismo para empezar a cambiar tu vida.

No puedes ir al Universo Espiritual con tu cuerpo, tu nombre, tu edad, tu identidad, tu personalidad, etc. Para entrar en el Universo Espiritual, no puedes «cruzar» al otro lado como materia, tienes que convertirte en energía pura. Más adelante en el libro, explicaré cómo hacer todo esto, cerrando los ojos. Pero por ahora, hay tres acciones humanas que pueden existir tanto en el Mundo Físico como en el Espiritual. Estas acciones pueden entrar y salir de ambos universos. Puedes hacer esto en cualquier momento y debes *practicarlas* conscientemente cada día. Son la clave para encender el cambio que quieres ver en tu mundo. Estas son: lo que **piensas**, lo que **escribes** y lo que **dices**.

Curiosamente, estas tres acciones son verdaderas formas de manifestación. Hagamos un rápido ejercicio que explicará por qué lo que piensas, escribes y dices son verdaderas formas de manifestación:

Lo que escribes

En una hoja de papel en blanco, escribe algo que realmente desees, cualquier cosa que quieras (escríbelo en tiempo presente, como si ya lo tuvieras). Tal vez empieza tu frase así: «Estoy tan feliz y agradecido ahora que (inserta tu deseo aquí)». Ahora que has terminado de escribir tu frase, da un paso atrás y mira la hoja de papel; admira ese papel y ese deseo... y déjame explicarte lo que acaba de suceder: *la verdadera manifestación*.

Antes de escribir algo en ese papel, no había nada. Y de la nada, se convirtió en algo. Cuando te pedí por primera vez que escribieras un deseo tuyo en una hoja de papel, primero, tuviste que crear silencio dentro de tu cabeza y, luego, enfocaste tus pensamientos. Entonces *agarraste* un pensamiento que estaba flotando en algún lugar del Universo Espiritual (como todos los pensamientos que cualquiera podría tener, ya existen en el Universo Espiritual), tomaste tu bolígrafo y, a través de una acción inspirada, moviste tu mano a través del papel y escribiste ese deseo.

Hace unos momentos, este trozo de papel no tenía nada. Manifestaste un pensamiento en forma de una frase que empezó como nada. Y ahora, este pensamiento está completamente formado en este Mundo Físico, que hace unos segundos era parte del Mundo Espiritual. Fuiste al Mundo Invisible y trajiste algo a este Mundo Visible. Este proceso también se aplica a lo que piensas y a lo que dices. El origen de estas tres acciones está en el Mundo Espiritual.

Puede que tome un par de lecturas entender esto, pero la explicación anterior es muy poderosa. Si eres capaz de entender que lo que piensas, dices y escribes empieza en el Mundo Espiritual, puedes empezar a usar estas herramientas para entrar y salir del Universo Espiritual, y empezar a manifestar tus deseos con estas tres acciones. Por eso es tan importante escribir tus metas y deseos en un papel. Escribir tus deseos es mucho más que una linda y pequeña lista de deseos. Estás siendo realmente un creador de experiencias. Solo puedes atraer más de lo que ya eres.

Lo que piensas

Sé consciente de tus pensamientos. ¿Has notado que alrededor del 70 % de los pensamientos que tienes a lo largo del día no son necesarios o están obstaculizando tu situación actual? Cualquier pensamiento que estés creando hacia la escasez, el miedo, la ansiedad, el estrés, la ira, etc., creará más de lo mismo. Cualquier pensamiento como: «Voy a llegar tarde al trabajo... Este clima molesta... El trabajo es tan duro y exigente... No tengo vida... No tengo tiempo... No me gusta esto... Esto no es justo... Esa persona es tan estúpida...» está creando y manifestando más de lo mismo en tu vida.

Lo que dices

¿Realmente le has prestado atención a tu forma de hablar? ¿Qué tipo de palabras eliges usar? ¿Utilizas un vocabulario que refleja estrés, ira, ansiedad, escasez u odio? ¿O tu vocabulario refleja palabras de felicidad, amor, paz y alegría? ¿Qué tipo de frases o conversaciones sueles tener con los demás y contigo mismo? ¿Has notado que las conversaciones de la mayoría de la gente y sus palabras más usadas son palabras y frases como: «**Ugh**, hoy es lunes... Este clima **molesta**... Hace mucho frío... Hace mucho calor... Estaba **atorado** en el tráfico... Comí un **cochinito**...Siento que soy **un desastre**... **Esto siempre me pasa a mí**. **Nunca** llego al trabajo a tiempo... **Nunca gano nada**... **Siempre** siento este **dolor**... **Nunca tengo tiempo**... **Siempre** estoy enfermo... Las cosas son **demasiado caras**... **No tengo** suficiente **dinero**... **Odio** cuando... No me gusta tal cosa de esta persona... Soy **un idiota**... **No** soy realmente bueno **en eso**... Soy **pésimo en eso**... **No** soy creativo, soy (**inserta cualquier palabra negativa aquí: gordo, perezoso, tonto, lento, etc.**)...».

La mayoría de la gente tiende a decir cosas que no les gustan. Una vez más, están usando uno de los poderes de manifestación para crear más de lo mismo, que, en este caso, es más de lo que no quieren. ¿Te está pasando esto a ti? Sé honesto contigo mismo.

Tu mente subconsciente siempre está escuchando. No sabe la diferencia entre una broma, un sarcasmo o algo que realmente quieres decir. Al decir todas estas palabras negativas en tu vida, no solo estás creando más de lo mismo, sino que también estás programando tu mente subconsciente; estás haciendo un hábito de ser esos comandos negativos. Usa tu lenguaje con cuidado. Enfoca tu energía en usar palabras amables y cariñosas hacia ti mismo y hacia los demás, incluso hacia las circunstancias fuera de ti. Especialmente ten cuidado con cualquier cosa que venga justo después de las palabras «Yo soy...».

Capítulo 3

El Poder del Cerebro

Hábitos

Un hábito es un conjunto de pensamientos, comportamientos y emociones automáticos e inconscientes adquiridos por repetición. Estas acciones fueron primero procesadas por tu mente consciente, pero ahora son realizadas por tu mente subconsciente. Nuestro cerebro está lleno de hábitos que corren el 95 % de nuestras vidas. Todo, desde lavarse los dientes hasta caminar, hablar, conducir, usar el teléfono celular, ducharse, comer, el trabajo, es un hábito, incluso *los sentimientos son hábitos*.

Pero los hábitos son mucho más profundos que esto. Tu nombre, personalidad, identidad, la forma en que piensas, tus creencias, estar constantemente sano o constantemente enfermo, estar enojado, sentirte estresado, lo que crees que no te gusta, *también son hábitos*.

Cada día cuando te despiertas por la mañana, consciente y subconscientemente, tu cerebro toma información de tus alrededores para recordarte quién crees que eres. Repites información, como tu nombre, tu sexo, tu edad, de dónde eres y tu personalidad. Por lo tanto, *has creado el hábito de pensar* que eres esta persona que has llegado a creer que ahora eres. Pero recuerda, un hábito es un pensamiento, comportamiento y emoción que te sigues repitiendo una y otra vez, hasta que tu mente subconsciente se identifica con este pensamiento de manera automática. En otras palabras, tu mente subconsciente ya no te necesita. Puede dirigir el espectáculo por sí misma y, de hecho, lo hace. Así es como el 95 % de tu vida se está ejecutando en piloto automático.

Así que si cada día, eliges repetir ideas y pensamientos, como tu nombre, tu edad, tu estatus social, lo que te gusta y lo que no te gusta, eventualmente creas un hábito de creer que eres estos pensamientos; y ahora estás verdaderamente convencido de que eres quien crees que eres.

Ahora imagina crear el hábito de creer en ideas limitantes (aquí es donde las cosas se ponen realmente interesantes). Imagina pensar una y otra vez en una experiencia que te haya herido en el pasado, un dolor físico o emocional o un recuerdo de alguien diciéndote que no eres lo suficientemente bueno o fuerte. Imagina que repites pensamientos que no te sirven en tu cabeza. Tal vez te cuentes a ti mismo y a otros la misma historia de que no recibiste el amor que querías de tus padres o de tus hermanos o de otras personas a las que admirabas o que tal vez no eres merecedor de amor o de nada bueno en este mundo.

Imagina que repites pensamientos y sentimientos de escasez, tristeza, ira, estrés y ansiedad. Imagina que repites los sentimientos de ansiedad, frustración, decepción y odio, porque esos son los sentimientos que sentiste en muchas de las circunstancias y experiencias que tuviste en tu vida, desde quedarte atorado en el tráfico hasta experimentar algo realmente difícil de creer. **La repetición de estos sentimientos y pensamientos es la forma de crear un hábito de ellos.**

¿Eres capaz de darte cuenta de que esas ideas limitantes y emociones negativas que eliges tener en la cabeza y a las que prestas atención, se convierten en hábitos que se desencadenan todos los días de tu vida? Como mencioné antes, incluso los sentimientos se convierten en hábitos. Te guste o no, seas consciente o no, la repetición de cualquier pensamiento o sentimiento se convertirá en un hábito. Tu cerebro creará los patrones neurológicos y las conexiones neurológicas para hacer, de cualquier pensamiento o sentimiento que sigas repitiendo, un hábito; y el hábito se hará cada vez más fuerte, cuanto más lo refuerces.

Entiendo que, en un pasado, no sabías que estabas haciendo esto conscientemente. Entiendo que no era tu intención. No nos enseñan a construir los hábitos correctos y no hablo de cepillarse los dientes, ducharse, comerse las verduras, estoy hablando de los hábitos de felicidad, amor, paz, alegría, abundancia, libertad, salud, riqueza, sentirse enamorado de la vida y sentirse poderoso, creativo y completo. Sí, la salud es un hábito, la riqueza es un hábito, todos estos son hábitos. Incluso experimentar milagros en tu vida es un hábito que ahora puedes elegir crear.

Nuestro cerebro está programado para crear hábitos para hacer nuestra vida más fácil. Está diseñado para crear una zona de confort para que tú y yo nos sintamos seguros. Si te sientes seguro, podrías aprender nuevas cosas, crecer y evolucionar. Si te sientes seguro, significa que no estás viviendo en modo de supervivencia, sino en modo creativo (leíste sobre estos dos estados de vivir en el Capítulo 2, Ilusiones). Pero la realidad es que has llevado demasiado lejos este hábito de querer permanecer en una zona de confort. Sin siquiera saberlo, estás usando tu cerebro para crear el hábito de estar cómodo. Este no es el propósito de la vida. Se supone que siempre debes estar creciendo. Se supone que siempre debes estar expandiéndote, ser más y tener más.

Eres un ser ilimitado con un potencial exponencial. Y al igual que un árbol crece tanto como puede, se supone que debes hacer lo mismo; somos un reflejo de la naturaleza. Y si te quedas en esta zona de confort durante demasiado tiempo, la vida te presentará una experiencia desafiante que puedes ver como un sufrimiento o dolor, pero la experiencia es solo un mensaje de amor de la Inteligencia Divina, recordándote que estás destinado a mucho más. Puede que ya hayas experimentado algunas de estas situaciones desafiantes a lo largo de tu vida. Sé que lo hiciste. Estas experiencias te ayudarán a crecer y evolucionar. Recuerda que la física establece que la energía está siempre en constante movimiento, nunca puedes hacerla estática. Estás destinado a seguir creciendo, a expandirte y a convertirte en cada vez más.

Tu Mente Subconsciente: El Programa

Ahora sabes que el 95 % de lo que eres es un hábito y que tu cerebro está diseñado para crear hábitos. Entonces, caminar, conducir, tomar el transporte público, la forma en que reaccionas a las cosas, la forma en que te enfadas en el tráfico, la ansiedad que sientes cuando llegas «tarde» al trabajo, incluso tus ingresos, tus pensamientos en torno al dinero, tu necesidad de estar siempre haciendo algo, de sentirte estresado, tu necesidad de controlar, tu necesidad de saber cuál es el plan todo el tiempo, tu dieta, hacer ejercicio (o no), la forma en que te relacionas con tu pareja en una relación…, todo en tu vida es un hábito.

Y si no estás en el presente, plenamente consciente de todos los milagros que te rodean, sabiendo que cada segundo que experimentas es un nuevo momento que aún no has experimentado, tu cerebro está ejecutando un programa subconsciente, un programa de «ordenador» que has diseñado previamente para que tu mente subconsciente lo ejecute. Créeme, solo te están diciendo qué hacer, estás en el asiento del pasajero la mayor parte del tiempo.

Entonces, ¿cómo puedes reprogramar tu mente?, ¿cómo puedes empezar a crear el buen tipo de hábitos —los que te harán más feliz, más sano, más rico, más en paz, en amor con la vida—, los hábitos que nunca te enseñaron a programar? O tal vez tengas los programas adecuados y esto será un refuerzo para tus ya buenos hábitos.

Basado en el increíble trabajo del Dr. Bruce Lipton, eres capaz de reprogramar tu mente de dos maneras diferentes. Aquí está mi comprensión y experiencia en el tema.

Tu Mente Consciente

Tu mente consciente es tu cerebro en acción. Está activa cuando estás en el momento presente, cuando eres consciente de tus pensamientos y sentimientos y cuando eres consciente de lo que está pasando cada segundo de tu vida. Tu mente consciente aprende por repetición, como cuando aprendiste a montar en bicicleta o a conducir un coche, etc. El proceso es lento, pero, a través de la repetición, construyes patrones neurológicos que eventualmente son empujados a tu mente subconsciente, donde la información se almacena y se utiliza como parte de tu naturaleza. Esto sucede durante un largo período de tiempo, pero la repetición es una forma de reprogramar tu mente subconsciente.

Convertir cualquier cosa en un hábito es cuestión de tiempo. Tanto si eres consciente de esto como si no y tanto si te gusta como si no, siempre estás *practicando* algo. Recuerda esto: El tiempo te hará un experto en algo. Tu responsabilidad es elegir qué es ese algo. Si vives como una víctima, te convertirás en un experto en vivir como una víctima. Te sucederán cosas y lo más probable es que te sintonices con sentimientos de ira, tristeza, estrés, ansiedad y odio. Por el contrario, si eliges vivir como un creador, te convertirás en un experto en ser el dueño de tu vida y crearás milagros. Las cosas sucederán para ti y lo más probable es que estés sintonizando con sentimientos de felicidad, amor, abundancia, paz y alegría.

Empieza por crear la acción repetitiva de ser agradecido. Esta es la forma más fácil de empezar a cambiar tus hábitos. Todos tenemos mucho por lo que estar agradecidos, especialmente las cosas que la mayoría de la gente da por hecho. ¿Puedes respirar? ¿Puedes saborear la comida? ¿Puedes escuchar música? ¿Tu corazón late? ¿Tus pulmones están tomando la cantidad de aire adecuada para que sobrevivas? ¿Eres capaz de experimentar un nuevo día en el que todo es posible? ¿Eres capaz de decirle «Te amo» a un miembro de la familia, a tu pareja o a una mascota? ¿Tienes trabajo? ¿No tienes trabajo (¡esto también es perfecto!)? Podría llenar cientos de páginas dándote ejemplos de lo que debes agradecer.

Al final del día, lo que más importa es aprender a activar el sentimiento de gratitud. Es aprender a ser humilde. Es aprender a centrar tu atención en la gratitud y si eres capaz de centrarte en esto y sentirla realmente, adivina lo que va a venir a tu vida —más cosas y más experiencias que te harán sentir agradecido. Cuando realmente ves todo lo que te rodea como un milagro, entiendes y sientes que estás experimentando el «cielo en la tierra». Todo lo que tienes es este momento y puedes hacer con él lo que quieras.

Cada mañana antes de salir de la cama y cada noche antes de dormirte, haz una lista mental de todo lo que agradeces; *piénsalo y siéntelo*. Sí, ya has oído esto antes, pero espero que con todo lo que has leído hasta ahora y seguirás leyendo, entiendas que estás activando la Energía Divina dentro de ti, estás creando y reforzando nuevos patrones neurológicos en tu cerebro. Estás enseñando a tu cuerpo y a tus células a sentir gratitud y mucho más que una linda y pequeña lista de agradecimiento está sucediendo alrededor y dentro de ti cuando haces este simple ejercicio. Lo más importante es crear el hábito de saber cómo *se siente la gratitud.*

Puedes hacer este mismo ejercicio con los sentimientos de amor, felicidad, abundancia y paz. Puedes pensar en las cosas que amas, las cosas que te traen paz y las experiencias que te hacen feliz. Puedes sentir toda la abundancia que ya está dentro y fuera de ti. Estos ejercicios están pensados para ayudar a tu cerebro a crear nuevos patrones neurológicos que luego se convertirán en hábitos. Y por cierto, no solo estás enseñando a tu cerebro cómo hacer un hábito de estos sentimientos, sino que también le estás imprimiendo a tus células la energía que estas emociones llevan. Así es, estás creando reacciones químicas en tu cuerpo (a través de tus sentimientos) que empiezan a cambiar tu ADN.

Tu Mente Subconsciente

Tu mente subconsciente es como un programa de ordenador donde no hay nadie al volante. Es un programa de piloto automático que está operando tu cuerpo y tu cerebro cuando no estás prestando atención al momento presente (que puede ser el 95 % de las veces).

Los bebés de 0 a 2 años aprenden a través de la hipnosis. Su mente subconsciente es una esponja gigante que aprende a través de la hipnosis. Imagina a un niño de un año: se le lleva a todas partes, sigue la corriente, no es capaz de hacer nada por sí mismo. Todo lo que hace es observar el mundo en un estado hipnótico y aprende de la energía de su entorno. Su mente subconsciente lo asimila todo y crea patrones y hábitos neurológicos a partir de la energía que percibe y recibe del mundo exterior. Por eso es muy importante que los padres sean conscientes de cómo se sienten y de la energía que ponen alrededor de sus bebés. Estos pequeños aprenderán solo con la energía. Tanto si un padre está tratando de ocultar una emoción negativa como si no, el bebé la sentirá, aprenderá de ella e imprimirá cualquier emoción en sus células.

Aunque no vuelvas a tener 0-2 años, puedes programar tu mente subconsciente a través de la hipnosis otra vez. Hay dos momentos durante el día en los que tu cerebro cae en el mismo estado hipnótico en el que vive un bebé. El primero es el momento en que te despiertas por la mañana, esos 5-10 minutos en los que todavía estás en un estado de sueño, pero también estás casi despierto. No estás ni aquí ni allá. Estás medio dormido y medio despierto. El otro momento son los últimos 5-10 minutos de tu día. Mientras duermes, hay de tres a cinco minutos en los que tu mente consciente se libera, pero tu mente inconsciente no se ha activado completamente o ha tomado el control. Una vez más, no estás ni aquí ni allá.

Estos dos momentos son los más importantes del día. Incluso diría que los últimos cinco minutos antes de irte a la cama son el momento más importante del día. Si tu vida está dirigida en un 95 % por pensamientos subconscientes que has plantado en tu cerebro, podría ser una buena idea empezar a reprogramar tu cerebro para tener pensamientos subconscientes relacionados con la abundancia, la salud, la riqueza, la felicidad, la paz y el amor.

Echemos un vistazo a lo que pasa en esos últimos cinco minutos del día antes de que te vayas a la cama... La mayoría de las veces, podrías irte a la cama pensando una de dos cosas:

- Uno. O bien estás pensando en un futuro basado en un pasado (aprenderás sobre tu futuro-pasado en las siguientes páginas): todas las cosas que necesitas hacer mañana, toda la gente que tienes que ver, las cosas que tienes que hacer, ese plazo que se acerca, los clientes que tienes que ver, las facturas que tienes que pagar, los proyectos que tienes que entregar, las noticias que vas a escuchar mañana. Te preocupas en toda esa información que aunque esperas vivir mañana, esta se creó en el pasado: un futuro basado en tu pasado.

- O dos. Podrías estar atorado en un recuerdo del pasado, que te causa ira o tristeza. Estás pensando en algo o alguien que te hizo enojar, frustrar o entristecer. Estás pensando en una experiencia en la que no te gustó el resultado. Puede que estés triste o enfadado por algo que alguien te dijo o te hizo a ti y te encuentras atrapado en un circuito eterno de sentir y pensar estos pensamientos negativos. En pocas palabras, estás pensando en una mala experiencia antes de ir a la cama.

No importa cuál de los pensamientos anteriores esté corriendo por tu cabeza, estás llenando tu cabeza con estrés, ira, tristeza y ansiedad, justo antes de quedarte dormido. Bueno, ¿adivinen qué? Durante esos últimos cinco minutos antes de que te duermas, estás *programando* tu mente subconsciente con sentimientos y pensamientos de estrés, ansiedad, ira, falta y tristeza. Estás imprimiendo, químicamente, emociones en tu cuerpo y en tu mente subconsciente para recordar y crear hábitos relacionados con esas emociones. Estás creando un *programa* basado en el estrés, el miedo, la ira y la ansiedad.

Así que, si la mayor parte de tu día es dirigido por tu mente subconsciente (tu programa), tu cuerpo y tu cerebro buscarán experiencias que te traigan más de lo mismo. Buscarás subconscientemente experiencias que te hagan sentir esos mismos sentimientos negativos que inconscientemente anhelas. Por eso es tan difícil empezar una nueva dieta o empezar a ir al gimnasio o quizás sigas saliendo con el mismo tipo de personas negativas, aunque no quieras. Subconscientemente, te has programado para buscar estas experiencias negativas. Tu cuerpo las anhela.

Por eso es tan difícil «cambiar» desde un nivel consciente. De nuevo, ¿cuántas veces has intentado perder esos kilos de más y quizás no has podido? ¿Cuántas veces has intentado cambiar tu dieta o despertarte más temprano o realmente ir al gimnasio como parte de tu rutina? ¿Cuántas veces has intentado dejar un hábito poco saludable o ser más positivo, etc.? Conscientemente, podrías estar listo y podrías poseer todo el conocimiento necesario para hacer todos esos cambios en tu vida: leíste los libros, viste los videos, te inscribiste al gimnasio, etc. Tenías la intención correcta, pero no fuiste capaz de llegar a tu meta. Tu subconsciente ha creado los hábitos de lo que no quieres en tu vida y este programa es muy fuerte. Recuerda: el 95 % de la vida humana es dirigida por un programa subconsciente. Si quieres cambiar tu vida, necesitas cambiar el programa.

Por eso, los últimos cinco minutos del día, antes de dormirte, deben estar llenos de pensamientos que claramente pretenden que se cumplan tus mayores deseos, junto con los sentimientos y las elevadas emociones que acompañan a dichos pensamientos. La combinación del pensamiento con el sentimiento correspondiente es muy importante. Así que, en lugar de pasarte por la cabeza una lista de cosas que crees que necesitas hacer mañana, imagina las experiencias y sueños que *deseas vivir*.

Este tiempo es sagrado. Es para ti y solo para ti. No dejes entrar a nadie ni nada en este tiempo, a menos que quieras experimentar más de lo mismo. Mientras te duermes, imagina claramente lo que se sentiría tener o ser lo que deseas experimentar en esta vida. Podrías querer decir y sentir cosas como (de nuevo, sentir es clave en este proceso) «Soy feliz», «Soy abundante», «Estoy sano», «Soy amor», «Soy próspero», «Soy paz interior», «Soy... ZzZzzz...

Cuanto más lo hagas, más fácil será. Definitivamente lleva tiempo ser consciente de todo lo que está pasando dentro de ti. Pero la clave aquí es crear el hábito de recordar todos estos pequeños detalles para que nunca dejes que ningún pensamiento o sentimiento negativo que no quieras experimentar, corra por tu mente consciente y subconsciente.

Vivir en el Pasado

Siempre pensé que estaba viviendo en el momento presente. No lo estaba. Siempre pensé que cuando la gente se refería a «vivir en el momento presente», sabía lo que querían decir. No lo sabía. No fue hasta que escuché al Dr. Joe Dispenza hablar de los siguientes conceptos en su libro, *Becoming Supernatural*, que entendí lo que realmente significa el momento presente. No fue hasta que empecé a entender que *quien creo que soy*, está basado en recuerdos, información y comportamientos habituales del pasado: mi identidad, mi nombre, mi edad, mi género, mi raza, mi nacionalidad, que empecé a darme cuenta de cómo llamar mi atención en este momento presente.

Piensa en esto por un segundo: si todo lo que haces en este momento presente está basado en información que fue creada en el pasado, no estás viviendo en el momento presente. Por lo tanto, puedes decir que estás viviendo un presente basado en tu pasado. Permíteme tratar de explicar esto con más detalle.

Tan pronto como te despiertas por la mañana, tu cerebro empieza a recoger información de su entorno. Esto ocurre consciente e inconscientemente y sucede muy rápido. Rápidamente comienza a activar viejas neuro-conexiones (patrones neurológicos que se han fortalecido a lo largo de los años a medida que las activamos una y otra vez) para que podamos identificarnos con nuestro nombre, sexo, edad, ubicación actual, nuestro cónyuge o pareja, qué día es, a qué nos dedicamos, las cosas que necesitamos hacer en el día, etc. Esto sucede tan rápido que no te das cuenta. Esto sucede incluso antes de que tengas tiempo de levantarte de la cama y caminar hasta el baño (vimos este ejemplo en el capítulo anterior).

Toda esta información está basada en experiencias y eventos de tu pasado. Toda esta información fue creada y experimentada, no hoy, sino días, semanas, meses y quizás años atrás. Has comenzado tu día basado en el pasado. Toda tu identidad fue creada y existe en tu pasado. No puedo poner suficiente énfasis en esto: **en el momento en que tu cerebro reconoce tu nombre, sexo, edad, ubicación, relaciones, estás viviendo tu vida en el *pasado-presente*.**

Recordando toda esta información, que has acumulado a lo largo de los años, tu punto de partida es donde la dejaste, ayer, tu pasado. Por eso es tan difícil y casi imposible, crear un nuevo futuro. Porque cada día, sin que lo sepas, comienzas tu día en el pasado. Y porque sigues haciendo esto, tu futuro siempre se verá muy similar a tu pasado. Podrías tomar lo que pasó el martes pasado, presionar «copiar» y «pegar» y colocar el viejo martes en los martes que se aproximan en el futuro. Esto, a menos que aprendas a vivir la vida desde tu estado natural de ser: un creador en el momento presente.

Hay un elemento más que añadir a la forma en que vives en el pasado. Cada persona, cosa, circunstancia y evento en tu vida (como el trabajo, tu grupo de amigos, tus compañeros de trabajo, tu jefe, tu viaje diario al trabajo, tu familia, etc.) tiene una emoción o un sentimiento unido a ella. Cada vez que conoces a alguien por primera vez o tienes una nueva experiencia, tu cerebro, consciente y subconscientemente, categoriza esta nueva información para ti. Tu cerebro, entonces, crea un juicio de este nuevo evento basado en tu pasado y tú, subconscientemente, comparas este nuevo evento con otros similares que hayas experimentado previamente. Esto te ayuda a darle sentido a este nuevo evento. Tu cerebro crea entonces sentimientos y emociones que se almacenan químicamente en tu cuerpo y en tu cerebro.

Las emociones y sentimientos que has creado y almacenado hacia una cierta persona o experiencia en tu vida, son *traídas de vuelta* a tu experiencia de vida cada vez que ves o piensas en esta persona o evento. Así de poderoso es tu cerebro. Con solo pensar en una cierta persona o experiencia, tu cerebro activa los patrones neurológicos relacionados con este evento y comienza a reproducir químicamente los sentimientos y emociones que sentiste cuando estabas experimentando este evento pasado. Puedes sentir como si estuvieras reviviendo esta experiencia o como si estuvieras frente a esta persona, aunque esto solo ocurra por el pensamiento.

Por eso la mayoría de las personas no pueden *ver más allá* de algo que sucedió en sus vidas; no pueden *superar* una experiencia, como una ruptura, ser despedido, perder un montón de dinero, la «traición» de un amigo, etc. Siguen reviviendo la experiencia una y otra vez con solo pensarlo. Están recreando los mismos sentimientos y emociones del pasado que experimentaron cuando el evento ocurrió por primera vez. El cuerpo piensa que este evento está sucediendo *ahora mismo*. Y sí, esto definitivamente te está pasando a ti también. El Dr. Joe Dispenza dice:

«El cuerpo no puede distinguir entre una experiencia que ocurre en la vida real y una experiencia que se crea solo con el pensamiento».

Aquí hay un rápido ejemplo de cómo funciona esto: piensa en un compañero de trabajo que te guste de verdad. Estoy seguro de que puedes recordar agradables sentimientos y pensamientos ligados a esta persona. Si cierras los ojos y te imaginas a este individuo, estoy seguro de que los sentimientos ligados a esta persona se harán más fuertes y más vívidos cuanto más pienses en él o en ella. Estos sentimientos y emociones fueron creados por ti y almacenados químicamente en tu cuerpo. Y, debido a que existen en un recuerdo en tu cuerpo, eres capaz de sentirlos de nuevo solo con el pensamiento, aunque esta persona no esté delante de ti ahora mismo.

Esta persona solo existe en tus pensamientos en este momento, sin embargo, estás sintiendo las emociones ligadas a esta persona como si estuviera delante de ti. Por el contrario, estoy seguro de que también puedes pensar en alguien en el trabajo que podría causar los sentimientos opuestos a los que tienes con el compañero de trabajo que te agrada. ¿Puedes pensar en una persona que no te gusta o con la que no te relacionas necesariamente en el trabajo? ¡Ups!, ahora estás sintiendo el tipo de sentimientos no tan buenos, lo siento...

Así que, es así cómo estás viviendo tu vida en el pasado: pensando que estás viviendo en el momento presente, pero realmente estás viviendo en el *pasado-presente*. Simplemente reconociendo tu nombre, sexo, edad, relaciones, trabajo, etc., estás viviendo el *hoy* basado en tu *ayer*. Entiendo que te puedas sentir confundido. Solo espera a que te explique lo que significa vivir en el *futuro basado en el pasado*. Pero no te preocupes; te prometo que todo tendrá sentido y entenderás cómo desconectar tu atención del pasado o futuro y ver el mundo como un momento eterno lleno de maravillas y milagros. Sabrás cómo ser consciente de que cada momento de tu vida es un nuevo momento. Crearás la conciencia y el conocimiento de que no hay tal cosa como un momento ordinario.

Vivir en el Futuro Basado en el Pasado

Vivir en el presente basado en el pasado y vivir en el futuro basado en el pasado, son esperanzadores y están destinados a distraer tu conciencia de lo que está sucediendo en tu vida, en el verdadero presente. Siendo consciente de lo que estás sintiendo y de lo que estás pensando todo el tiempo, es como crearás la conciencia de vivir en este momento, para aprovechar tu Energía Divina para crear el futuro que realmente quieres.

Si en algún momento piensas en el mañana o en tu futuro y sientes miedo, ansiedad, ira o estrés, significa que estás pensando en un futuro basado en un pasado. Por ejemplo, si piensas en los lunes y te irritas y te enfadas porque «tienes que ir a trabajar», solo te sientes enfadado porque estás recordando que quizás el trabajo no es un lugar donde quieres estar los lunes. Has creado una connotación negativa hacia el trabajo y hacia los lunes. Y estos recuerdos y sentimientos fueron creados en el pasado, por lo tanto, estás basando lo que vas a experimentar mañana en los sentimientos y emociones creados en el pasado. Creo que empiezas a entenderlo. Si miras al mañana y sientes alguna emoción negativa, es solo porque estás eligiendo ver tu *mañana* (futuro) de una manera similar a tu *ayer* (pasado).

Esto se aplica a cualquier experiencia: ¿conseguiré este trabajo si lo solicito? ¿Recibiré el dinero que necesito para pagar lo que necesito? ¿Esto va a estar bien? Si sientes alguna emoción negativa por un mañana, que aún no has experimentado, es porque ya has decidido que tu futuro se va a parecer a tu pasado.

Por favor, entiende que lo que está en tu futuro es la prosperidad, la felicidad, el amor, la paz y la alegría. La vida no tiene nada más que abundancia y amor esperándote. Pero si decides no trascender de la información que has recogido en tu cerebro de un pasado, no podrás experimentar los milagros que estás destinado a vivir. Deja ir cualquier información pasada que hayas registrado en tu cerebro. Todo es una ilusión. El mañana está lleno de infinitas posibilidades. Confía.

Rompiendo el Hábito de Ser Uno Mismo

Espero que, a lo largo de este libro, encuentres algunas de las respuestas que has estado buscando o que, al menos, estés adquiriendo una nueva perspectiva. En los próximos capítulos, comenzaremos a profundizar en los conceptos que hablan de cómo te relacionas con toda la energía del Universo y los conceptos de milagros y magia. Por ahora, quiero hablar de un detalle muy importante: **para poder vivir los deseos de tu corazón, vas a tener que romper el hábito de ser tú mismo.**

Ser tú mismo te ha llevado a donde estás ahora mismo. Este es un buen lugar. No importa cuáles sean las circunstancias que te rodean. Quizás hay dolor físico o emocional, quizás hay estrés o ansiedad en tu vida o quizás no estás donde quieres estar o quizás lo estás. Hay mucho por lo que estar agradecido. Estás aquí en este momento en el tiempo y el espacio debido a quien has elegido creer que eres. Y para experimentar lo que realmente quieres —esa libertad, esa salud, esa prosperidad o ese nivel de abundancia— debes ser honesto contigo mismo y darte cuenta de que esta persona que deseas ser, no es la personalidad que has construido hasta ahora.

La mayoría de la gente quiere llegar a sus deseos y anhelos desde el mismo lugar en el que se encuentran ahora. Lo que no se dan cuenta es que esto no es posible. No puedes estar en el Punto B cuando estás parado en el Punto A. Para estar en el Punto B (viviendo tu vida perfecta), tienes que ser la persona que vive en esa realidad del Punto B. No puedes ser la misma persona que eres ahora. No puedes ser la misma persona que vive en la realidad del Punto A, pero experimenta la vida que la realidad del Punto B tiene para ofrecer. Simplemente tienes que dejar ir lo que eres ahora mismo; el tú en el Punto A no es el mismo tú que existe en el Punto B. Tienes que dejar ir todo lo que sabes.

Romper este hábito de ser uno mismo es dejar ir a quien crees que eres. Es entender que no estás definido por quién has pensado ser hasta este momento. Todo lo que has acumulado hasta ahora no eres tú. Todos los pensamientos que has pensado y todas las emociones que has sentido, te han llevado *hasta aquí y ahor*a. Y *si aquí* y *ahora no* son exactamente lo que te gustaría estar experimentando, tienes que dejar ir las ideas, pensamientos y emociones que te han llevado a este punto en el tiempo y el espacio. Tienes que redefinir quién eres.

Como mencioné anteriormente en este capítulo, debes estar abierto al hecho de que, probablemente, has creado el hábito de estar enojado, dudoso, estresado, ansioso y temeroso la mayor parte del tiempo. Debes estar abierto a la posibilidad de que si tu realidad no es exactamente la que quieres que sea, tienes programas subconscientes y patrones repetitivos que te mantienen apegado a esta realidad

Aún no has creado el tipo correcto de programas y hábitos que puedan llevarte a donde realmente perteneces. Aún no has creado los hábitos de felicidad, abundancia, amor, alegría, paz, salud y riqueza.

Ten paciencia contigo mismo. Esta parte del libro es simplemente para tratar de abrir tu mente a la realidad de que hay programas y hábitos subconscientes que dirigen tu vida y que hay una manera de programar tu cerebro y crear los hábitos correctos. Esta parte del libro está destinada a abrir tu corazón para que te sumerjas profundamente en tu interior y, de una vez por todas, te unas a la felicidad, el amor, la paz y la abundancia que siempre han estado ahí, esperando que te unas al club. Esta Fuente de Energía no juzga. Esta Fuerza de Amor no tiene favoritos, no puede. Siempre está ahí para todos y para cualquiera que la permita en sus vidas.

Por favor, entiende que estás destinado a sentir toda la gama de emociones. Todavía vas a «ser golpeado» por la vida (te prometo que no es un «golpe» real, sino un mensaje de amor). Todavía estás viviendo en este mundo físico, con un cuerpo físico, que experimentará todo tipo de sentimientos, algunos buenos y otros malos. Todavía experimentarás todo tipo de sentimientos. Pero ahora siempre puedes decidir cuánto tiempo vas a permanecer con esos sentimientos negativos dentro de ti. Como un mentor me dijo una vez:

> **«Está bien caer en la piscina. La gente se ahoga porque decide quedarse en la piscina…».**
> **- James MacNeil**

¿Cuánto tiempo te vas a permitir sentir una emoción negativa? Puedo asegurarte que en el pasado, una emoción o experiencia negativa se me quedó grabada durante mucho tiempo: días, semanas, meses, incluso años. Ahora estoy entrenando mi cuerpo y mi mente para pasar de una mala experiencia en cuestión de minutos. Nada es para siempre. Y cuanto antes entiendas que vas a tropezar unas cuantas veces en el camino, mejor. Lo que importa es el tiempo que te lleva levantarte de nuevo, seguir moviéndote y confiar en que estás en el camino correcto.

Haz un compromiso consciente de romper el hábito de ser tú mismo. Recuerda: no eres quien crees que eres. No eres tu nombre, sexo, edad, etnia ni siquiera eres tu cuerpo, **no eres la identidad que tanto luchas por mantener y proteger**. Simplemente *eres,* simplemente *existes,* simplemente *experimentas*... Déjame decir esto una vez más... Simplemente *eres.*

Si traes tu atención y tu energía a este momento presente, puedes empezar a sentir que solo hay un momento eterno. Solo una vez que existes dentro de este momento eterno eres capaz de dejar atrás todo a lo que te has estado aferrando en el pasado. Es solo en este momento eterno que puedes ver claramente que siempre eres un lienzo en blanco. De nuevo, simplemente eres...

Sé que tienes una vida de ensueño, una vida en la que la abundancia está presente en cada aspecto de tu vida: amor, finanzas, salud, carrera, familia, cosas materiales, felicidad, espiritualidad, etc. Esta vida de ensueño tuya existe. Tú y yo somos capaces de vivir esta vida. Está en nuestra naturaleza divina vivir una vida divina. Si no experimentas abundancia en todos los aspectos de tu vida, esto significa que tienes que romper el hábito de ser tú mismo. El tú que está viviendo esa vida de ensueño, no es el tú que tal vez está leyendo este libro ahora mismo. Tienes que dejar ir al que eres ahora mismo, para encontrar al que está viviendo esa vida de ensueño.

Tu vida ahora mismo fue creada por tu persona y tu vida de ensueño está siendo experimentada por una persona diferente, *un nuevo tú.* Una nueva vida nunca puede ser creada a partir de la vieja vida. El nuevo tú no puede ser creado desde el viejo tú. Tienes que dejar ir a quien crees que eres. Entiendo que esto es difícil de entender y poner en práctica. Es por eso que he creado un curso en línea para que puedas crear nuevos hábitos: de milagros, de la felicidad, el amor, la paz y la abundancia. Si te gustaría saber más de este curso, llamado Creando Milagros, por favor, dirígete a *lamagiadelamente.wixsite.com/ebook*

Estas últimas palabras solo pretenden resaltar que todo lo que puedas imaginar es posible. Tienes que estar abierto a reconstruir lo que crees que eres. Yo he comenzado este proceso. Entro y salgo entre *mi nuevo* y *mi viejo yo*. Mi punto es que quizás un día, solo pueda vivir desde *mi nuevo yo*; quizás un día deje de saltar dentro y fuera. Un día simplemente seré este *nuevo yo*.

Capítulo 4
Maravilla Infantil

«Todos los niños son artistas. El problema es cómo seguir siendo un artista una vez que crecen».
- Pablo Picasso

Los Niños Saben la Verdad

¿Recuerdas cuando eras un niño? ¿Recuerdas cuando volaste al espacio encima de un unicornio? Te voy a contar un pequeño secreto: entre los dos y siete años, tú y yo entendimos que había una Fuente Divina de energía viviendo dentro de nosotros —una energía ilimitada, poderosa, infinita, sin principio ni fin—. Esta energía dentro de ti sabe que viniste a este mundo para crear y experimentar cualquier cosa que puedas imaginar. Esta energía sabe cómo atraer milagros a tu vida. De niños, tú y yo entendimos que la forma de comunicarnos con esta energía era a través de la imaginación, el juego, la felicidad y la alegría. Estas emociones son esenciales para el proceso de manifestación. La imaginación y los sentimientos son el lenguaje del Universo y la manifestación, no las palabras y las reacciones.

Tú y yo solíamos usar siempre esta comprensión innata. Pero a medida que íbamos creciendo, nos empujaron a una caja. Te dijeron que crecieras y que dejaras de jugar. Tal vez fueron tus padres o tus hermanos mayores. Quizás fue la sociedad y el miedo que experimentaste una vez que empezaste a crecer. Nadie tiene la culpa aquí. Créeme, no lo hicieron a propósito. No era su intención crear una separación entre nosotros y esta Fuente de Energía de amor, paz y alegría. Tampoco sabían que esto estaba pasando. Al igual que tú, solo seguían un patrón social limitado que fue forzado en su programa subconsciente.

No te preocupes. La buena noticia es que esta Energía Divina nunca se fue. Es parte de ti y siempre está ahí. Y tú ya lo sabes porque puedes sentirla. La sientes cada vez que te ríes de un chiste, cuando bailas o cuando estás con tu familia o amigos pasándola bien. Puedes sentir esta energía cada vez que estás en un concierto, viendo una película inspiradora, escuchando tus canciones favoritas, pintando, dibujando, haciendo ejercicio, horneando, cocinando, etc. Cada vez que te diviertes, puedes sentir esta Energía Divina dentro de ti otra vez. Cuando dejas de pensar en el tiempo y el espacio, y lo único que importa es lo que estás haciendo en el momento, vuelves a hablar con esa Fuerza interior. Pero quizás olvidaste cómo jugar, cómo imaginar, cómo divertirte, cómo no preocuparte por la ilusión de los problemas. No te preocupes, también hablaremos de eso.

Una gran clave de la manifestación y la creación de la magia en tu vida es aprender a vivir en este estado de maravilla de nuevo. Tienes que volver a aprender a estar en este estado todo el día y sí, esto es posible. Este es tu estado natural de ser: juego, felicidad, amor, paz y alegría. Nunca se te enseñó cómo aprovechar esta energía de forma constante. Nunca te enseñaron cómo enfocar tus pensamientos y emociones para estar en este estado de ser todo el tiempo. Nunca se te enseñó cómo crear el hábito de la felicidad, el amor, la paz y la alegría. Hablaré de cómo estar permanentemente en este estado de ser, en el Capítulo 10, La Magia de Verdad.

Maravilla Infantil

Siempre me ha fascinado ver a los niños y bebés interactuar con el mundo que les rodea. Es algo tan hermoso sentarse y observar cómo los bebés y los niños comienzan a ser conscientes de su entorno. La próxima vez que estés cerca de un niño o de un bebé, solo siéntate y pregúntate: «¿Qué estará pensando ahora mismo?». Están tan fascinados por todo lo que les rodea. ¡Quieren tocar, jugar, explorar y probar todo! ¡Y nunca se cansan! Esto se llama *maravilla infantil*. ¿Recuerdas cómo se siente?

Cuando los niños ven un truco de magia por primera vez, algo increíble sucede en sus cabezas. Estos pequeños se están acostumbrando a algunas de las «reglas» de nuestra realidad, por ejemplo cómo los objetos no están destinados a desaparecer o aparecer de la nada. Luego, mientras ven el truco, tienen un pequeño momento en el que algo completamente diferente sucede frente a sus ojos, una experiencia que no entienden del todo.

La mayoría de los niños creen que esta experiencia es mágica y la aceptan. Hay una parte de ellos que realmente cree que «la moneda se manifestó detrás de su oreja» o que «algo desaparece o aparece de la nada». Los niños no están tratando de entender el método ni están cuestionando lo que está pasando. Simplemente están en el momento, asombrados por lo que acaban de ver.

¿Has notado cómo la gente tiende a ser más feliz alrededor de los bebés? Observa cómo tú y el resto de la familia parecen gravitar hacia un bebé o un niño. Puedes decir su nombre, mostrándole al bebé un nuevo juguete o quizás haces una cara graciosa o actuar como un tonto (lo siento) solo para llamar la atención del niño. Esto sucede porque algo dentro de ti se desencadena en un nivel subconsciente. Recuerdas cómo era ser un niño, donde ver cualquier cosa nueva despertaba un sentido de curiosidad, diversión y asombro. Todo a tu alrededor parecía nuevo e interesante. Por ejemplo, cuando ves a un niño experimentar algo por primera vez (como aprender a andar en bicicleta), te recuerda, nuevamente a nivel subconsciente, lo divertido que era vivir la vida libre, sin preocuparse por nada y disfrutando de todo, sin facturas que pagar y sin responsabilidades (supongo que tenías una responsabilidad después de todo: la diversión).

Descubrir el mundo es una aventura increíble que tal vez hayas olvidado cómo experimentar. Puede que hayas olvidado vivir y ver el mundo con maravilla infantil. Al menos yo lo hice durante algún tiempo. No era consciente de que esto había sucedido. Estaba tan inconsciente de ello que me convencí a mí mismo de que era feliz. Pero, en el fondo, había una vocecita, una muy callada, preguntando: «¿Por qué no soy tan feliz como digo que soy? ¿A dónde se fue mi maravilla infantil? ¿A dónde se fue esa alegría, pasión y creatividad que tenía cuando era niño? ¿A dónde se fue la magia?».

Cuando estoy en el escenario dando mi conferencia sobre mi visión de la magia, o cuando realizo magia para la gente, puedo ver y sentir la maravilla infantil de la gente. Puedo ver la chispa que les recuerda que todo es posible, la energía que les recuerda vivir en ese estado de descubrimiento y creación. Tú y yo estamos destinados a vivir en la diversión, la alegría, la felicidad y el juego. Mereces crear y experimentar cualquier cosa que quieras. Y el niño dentro de ti lo sabe. Así que... recuérdate a ti mismo ser un niño otra vez. Recuérdate de la experiencia de volar al espacio encima de un unicornio. Eres digno de ello.

El Niño Dentro de Ti

Es muy interesante observar que cuanto más envejecemos, de alguna manera dejamos de asombrarnos por todo lo que sucede a nuestro alrededor. Nos acostumbramos a esta ilusión de vida. La sensación de asombro y maravilla disminuye y, a veces, desaparece. ¿Cuándo y por qué tú y yo *nos acostumbramos* a la vida por hecho? ¿Por qué crees que esto sucede? ¿Por qué a ti y a mí nos cuesta tanto sentir asombro y maravilla todos los días?

Imagina un niño, tal vez un niño pequeño. Imagínate que se despierta por la mañana. Imaginemos que hoy es día de excursión en la escuela; va al zoológico. Este niño probablemente se ha despertado muy temprano (incluso antes que sus padres), lleno de energía y emoción, listo para vivir el día. Está muy emocionado por el hecho de que va a ver todo tipo de animales diferentes en el zoológico. Probablemente esté pensando en jirafas, cebras, elefantes y leones. Ni siquiera durmió mucho la noche anterior. Ya ha imaginado muchas aventuras en su cabeza. Probablemente se vistió antes de que sus padres le dijeran que lo hiciera y está listo para irse. Esta es la maravilla infantil en su forma más pura. Esto es estar enamorado de la vida, enamorado del momento y el descubrimiento de nuevas cosas, sabiendo que hay algo desconocido y nuevo en cada esquina. Este niño está emocionado de vivir su día porque no ha dado nada por hecho. En su cabeza, solo puede imaginar las emocionantes aventuras que le esperan. Solo experimenta sentimientos de alegría, emoción y asombro. No puede esperar a experimentar el día de *hoy*.

Así es como tú y yo deberíamos sentirnos todos los días. Toma tu rutina, por ejemplo, como ir al trabajo. Esta acción de despertarte y prepararte para ir a trabajar debería sentirse como «ir al zoológico», como lo hizo este niño. La razón por la que te levantas por la mañana y probablemente no saltas de la cama y sales corriendo por la puerta para vivir tu día, es porque, lo más probable, es que seas capaz de predecir cada uno de los acontecimientos que van a suceder en tu día. Ya has imaginado cómo va a ser el día de hoy y has dejado toda la emoción y la sensación de asombro fuera de él. Has basado tu *hoy* en *tu pasado*. Y si tomas tus hábitos del pasado y los repites hoy, no hay nada nuevo y emocionante que vivir.

Quiero que seas consciente de que esta decisión de ver el día sin emoción y sin sentido de maravilla solo ocurre en tu cabeza. Estás tomando la decisión de no dejar espacio para lo inesperado. Por lo tanto, no existe lugar para que ninguna aventura ocurra en tu vida. Has creado el hábito de prestar atención a tu rutina. Eso es todo lo que es, un hábito de pensar en lo que parece ser una rutina en tu vida. Todo lo que ve, es a lo que le prestas atención. Tienes que dejar de poner tu atención en lo que parece una rutina. Porque *la sensación de rutina* es solo una ilusión. El día que estás a punto de vivir no ha sucedido todavía.

Una rutina es solo un pensamiento que has elegido crear en tu mente. Cada momento de cada día es nuevo. No hay nada repetitivo cuando vives tu vida en el *ahora*. Tienes que ser consciente de esto. Tienes que crear la conciencia de que la vida es solo un momento eterno que estás experimentando. Reconocer que *este momento* solo existe en lo desconocido. Son tus sentidos y tu cerebro los que tratan de categorizar el hoy como una rutina. Tus cinco sentidos intentan hacerte sentir «seguro» para que te sientas cómodo con todo lo que te rodea y para que tengas una sensación de control. Pero al pensar y sentir que todo es una rutina, creas el hábito del aburrimiento y la falta de asombro.

También te han hecho pensar que algo nuevo es sinónimo de miedo, otro hábito del que tienes que deshacerte. Tu estado natural de ser es el descubrimiento y la aventura, como el niño que va al zoológico. Todo lo que experimentaste de niño era nuevo, emocionante y maravilloso; sin embargo, hoy en día, estás eligiendo experimentar los mismos pensamientos, que conducen a los mismos sentimientos, que conducen a las mismas acciones, que conducen a los mismos resultados. Solo hay una constante en esta vida: el cambio. El cambio siempre está ocurriendo, te guste o no, seas consciente de ello o no. Nada puede (y no lo hará) permanecer igual. Pon tu conciencia en las infinitas posibilidades que existen en lo desconocido. Emociónate con lo que podría suceder y deja de vivir con miedo. El miedo es solo otra ilusión.

Practica el asombro infantil con todo lo que te rodea. No hay tal cosa como una rutina. Pon tu atención en la alegría, la curiosidad, el juego y la diversión de todo lo nuevo (que es todo lo que está delante de ti). Este es un ejercicio poderoso para practicar todo el tiempo. Así es como empiezas a recuperar tu poder de maravilla infantil. Ten curiosidad por todo; sé juguetón con todo. Canta, ríe, baila, pinta, juega, corre, grita, descubre, aprende, explora e inventa. Pon tu conciencia en lo que estás haciendo, agradeciendo que vuelvas a estar en contacto con esta parte interna de ti que sabe cómo ser juguetona y aventurera; solo se volverá más poderosa. Empezarás a sentir tanta alegría por la vida. Empezarás a sentir una necesidad incontrolable de volver a jugar y de redescubrir lo que es vivir en este estado natural de descubrimiento, diversión y aventura.

¡Ve a jugar!

Nunca. Pares. De. Jugar.

La forma en que un niño aprende a comunicarse con su mundo interior es a través del juego. Este es un espacio personal de descubrimiento y conexión con la Fuente que no puede ser alcanzado por nadie más que por el propio niño. Tomemos una niña pequeña, por ejemplo. Cuando juega con sus juguetes, está viviendo dentro de su imaginación. Coloca imágenes mentales y crea sentimientos de posibilidades infinitas. Está usando energía pura para conectarse con su interior, para crear un mundo perfecto, un mundo donde todo es posible. Un lugar feliz.

Tú y yo hemos sido criados para creer que los niños son los únicos a los que se les permite jugar. A medida que creces, tu cerebro ha sido implantado con frases como: «No estamos jugando ahora mismo», «Deja de jugar», «Tienes que dejar de ser un niño en algún momento», «Crece», «Jugar no paga las cuentas», «Tienes que conseguir un trabajo de verdad», «No es el momento de jugar», etc. A través de toda esta repetición de declaraciones y la energía que se coloca alrededor de estas creencias limitantes, tú y yo hemos olvidado que jugar es esencial para descubrir lo que nos gusta y lo que no nos gusta. Jugar es esencial para conectar con esa Energía Divina dentro de nosotros, que sabe que todo es posible. Jugar te da la posibilidad de descubrir quién eres realmente y no es solo una actividad destinada a los niños. Jugar es clave para que atraigas y manifiestes la magia en tu propia vida, independientemente de tu edad.

Ahora estoy practicando lo que es jugar de nuevo. Si de niño te gustaba dibujar, pintar, cantar, coser, bailar como si nadie te mirara, hablar con los animales o las plantas, saltar, etc., empieza a jugar de nuevo. Puedo prometerte que empezarás a redescubrir lo que te gusta de la vida. Incluso tus objetivos empezarán a cambiar. Lo que pensabas que era importante podría tener un significado diferente. Volverás a conectar con tu niño interior Te volverás a conectar con esa parte dentro de ti que sabe cómo crear *todo* de *la nada*. Solo toma ese lápiz, esos viejos zapatos de baile, ese viejo hilo y juega. Te encontrarás más inspirado, más en sintonía.

Ese niño que sabe la verdad sobre vivir una vida de felicidad, amor, paz y alegría, sigue dentro, esperando que derribes todas las creencias limitantes que decidiste aceptar como verdades (que son solo las ideas limitantes de alguien más sobre lo que pensó que la vida se supone que es). Por favor, recuerda que vivimos en un mundo gobernado por creencias limitantes creadas por una mente física limitada. Tú eres ilimitado por naturaleza; tú eres la Energía Divina.

Todo lo que quiero hacer en este capítulo es abrir la posibilidad de que seas consciente de lo siguiente: no es que los niños no sepan nada mejor; no es que los niños no tengan nada de qué preocuparse y los adultos sí. No es que los niños tengan menos responsabilidades que los adultos; tal vez los niños sepan la verdad. Tal vez los niños saben que la vida está destinada a ser un patio de recreo de infinitas posibilidades y todas estas ideas sobre trabajos, cuentas que pagar y tareas que hacer son solo grandes ilusiones que otros crearon para nosotros y tú y yo decidimos vivirlas como verdades.

Nunca. Pares. De. Jugar.

Capítulo 5

Principios de la Magia

La Desviación de la Atención

Antes de entrar en el tema de la desorientación, me gustaría que entendieras el siguiente concepto. Es un concepto que he mencionado anteriormente en este libro, pero es muy importante de entender:

**«Donde pones tu atención, es donde pones tu energía».
- Dr. Joe Dispenza**

Por ejemplo, si pones tu atención en lo que sucedió ayer en el trabajo, quizás en algo que te hizo sentir muy estresado o ansioso, estás regalando tu energía a tu pasado y estás poniendo tu energía en pensamientos y sentimientos que no son beneficiosos para el presente que tienes. Estás regalando tu energía a un tiempo que ya no existe y estás desperdiciando tu energía. Así que recuerda: donde pones tu atención, es donde pones tu energía. Este es un concepto clave para la manifestación y la creación de milagros en tu vida.

La desviación de la atención es un tema muy interesante en la magia. Es clave para dar al espectador la experiencia de la magia. La desviación de la atención es llamar la atención de alguien sobre una cosa, para distraerlo de otra. Algo importante a mencionar aquí es que si estás viendo un truco de magia y empiezas a notar que algo furtivo está pasando, he fallado en crear la desviación de tu atención. Si te das cuenta de que un mago está haciendo algo «fuera de lo normal», ha fallado en crear una verdadera distracción. Cuando la verdadera *desviación* ocurre, ni siquiera lo notas.

Hay un gran principio de psicología detrás de la desviación de la atención. Este principio es que tu mente, que es tu cerebro en acción, no puede prestar atención a dos cosas diferentes al mismo tiempo. Piensa en esto por un segundo. Puedes pensar que eres capaz de realizar varias tareas, pero no eres realmente capaz de dominar ninguna de las dos o más tareas que estás haciendo simultáneamente. Tu cerebro no puede prestar el 100 % de su atención a dos (o más de dos) cosas al mismo tiempo. Realmente estás dividiendo tu energía en un montón de cosas.

Este principio de la psicología (y de la desviación de tu atención) está sucediendo ahora mismo con todo lo que percibes como negativo en tu vida. has creado una mente tan poderosa (cerebro en acción) que solo se centra en las cosas de tu vida que no parecen funcionar. Por lo tanto, no eres capaz de prestar atención a lo que está funcionando en tu vida. Tu cerebro no puede prestar atención a dos cosas al mismo tiempo; si te concentras en lo negativo, no eres capaz de prestar atención a lo positivo, al panorama general. No eres capaz de entender que la felicidad, el amor, la paz y la alegría están justo al otro lado de tu ira, odio y miedo.

Cuando estás en un momento de ira, estrés o ansiedad, es muy difícil cambiar tu atención a lo opuesto de lo que has entrenado a tu cerebro para que se concentre. Has creado el hábito de centrarte en lo negativo. Pero esto puede cambiar. Si eres capaz de re-entrenar tu mente para ser capaz de enfocar tu atención y mantenerla en los sentimientos, pensamientos y acciones positivas, la experiencia de la magia te alcanzará. Empezarás a ver cambios y milagros que ocurren en tu vida. Confía en mí, esto me pasó. Una vez que vuelves a entrenar tu cerebro para que se concentre en lo que está funcionando en tu vida, todo lo demás comienza a seguir; todo lo que te rodea comienza a cambiar.

Si pudieras mantener tu atención solo en lo que te está funcionando en tu vida, durante la mayor parte del tiempo, no tienes ni idea de cuánto empezará a cambiar tu vida y a transformarse para reflejar experiencias más maravillosas. Este es el juego: ¿cuánto tiempo puedes mantener tu atención en las cosas que realmente te están funcionando, dejando fuera de la vista todo lo que no lo está?

Cachorro vs. León

Por lo tanto, hemos establecido que tal vez tu atención ha sido puesta en los lugares equivocados. Te has centrado en circunstancias, personas y situaciones que no son necesariamente positivas, felices o pacíficas. Tal vez has estado prestando tu atención y tu energía a los pensamientos y sentimientos equivocados. Está bien, puedes empezar a cambiar esto simplemente entendiendo lo siguiente. Me ayudó mucho...

Quiero que te imagines un lindo y juguetón cachorro de perro. Imagínalo corriendo por tu casa, lamiendo y masticando todo, orinando por todas partes y siempre buscando con qué más puede jugar. Cada 20 segundos, este cachorro corre por ahí buscando algo más que hacer. Tu atención es como la de este cachorro.

En este momento, estás tan acostumbrado a prestar atención a tantos pensamientos (algunos positivos, pero la mayoría negativos) que parece imposible sentarte y concentrarte en uno solo. Podrías pensar que hay tanto en que pensar: trabajo, familia, amigos, relaciones, comida, forma física, cuentas que pagar, programas que ver, medios sociales para ponerse al día, publicaciones de Instagram para leer y crear, noticias, proyectos personales, etc. Parece que hay tantas cosas que dividen tu atención (tu energía) y parece que se ha vuelto imposible centrar tu energía en una sola cosa. Pero de nuevo, todo esto está en tu cabeza. Estos son los hábitos que has creado. Es muy importante entender que la clave para crear milagros en tu vida, es aprender a enfocar *toda* tu energía (tu atención) en una cosa a la vez y hacerlo con propósito.

A continuación, se explica cómo saber si tu atención es como la de un cachorro de perro (lo cual es lo más probable). Cierra tus ojos durante cinco minutos. Eso es, cinco minutos. Puedes hacer este ejercicio antes de irte a la cama esta noche o en la ducha si lo deseas. Es solo un ejercicio para saber si tu mente es como la de un cachorro de perro o no). Piensa *solo* en los sentimientos de felicidad, amor y paz. Empieza a sentir esas emociones dentro de tu cuerpo y repite estas palabras una y otra vez: «Siento amor. Me siento en paz. Me siento feliz».

¿Eres capaz de hacer esto? ¿Eres capaz de sentir y mantener estos sentimientos durante, al menos, cinco minutos? ¿Notas otros pensamientos que aparecen dentro de tu cabeza, de la nada? ¿Piensas en ese mensaje de texto que no has contestado o en tus redes sociales que no puedes esperar a ver? ¿Estás pensando en lo que tienes que hacer cuando termines de hacer este ejercicio? ¿Estás pensando en lo que necesitas hacer mañana? ¿Estás pensando en algo que te está molestando desde hace dos días? Quizás estás pensando en lo que necesitas hacer para el trabajo... ¿Sí ves la idea? Si cierras los ojos durante cinco minutos y otros pensamientos, en lugar de los sentimientos de amor, paz y felicidad entran en tu mente, entonces ¡bingo! *Tu atención es un pequeño cachorro.*

Ahora, cambiemos la imagen: imagina una leona. Imagina que esta magnífica criatura está cazando en la naturaleza. Está esperando pacientemente, enfocando toda su energía en su presa, esperando la oportunidad adecuada para atacar. Así es como tu atención debe ser las 24 horas del día. Y si, en algún momento del día, te sientes triste, enojado, ansioso, estresado, es porque estás poniendo tu atención en la cosa equivocada. Cuando te sientas así, 1) date cuenta de que estás poniendo tu atención en las cosas equivocadas, 2) ponle atención a un pensamiento positivos y 3) mantén tu atención en los pensamientos y sentimientos que te mantienen en lo que yo llamo nuestro estado natural de ser, de amor, felicidad, paz y alegría.

Después de comprender la diferencia entre lo que es tener un nivel de atención que se comporta como un cachorro y un nivel de atención como el de una leona, empecé a pensar que, si podía centrar mi atención (mi energía) en los pensamientos y sentimientos correctos y mantener este nivel de conciencia sin ninguna distracción (sin duda, sin miedo, sin ansiedad, sin estrés, sin ira), tal vez podría cambiar la forma en que reacciono ante todos los eventos y circunstancias de mi vida, especialmente los eventos que no parecían estar «funcionando» para mí.

Me llevó un tiempo poder hacer esto, pero, después de un poco de trabajo, todo empezó a cambiar. Me volví más feliz, más pacífico, más sano, lleno de energía y enamorado de la vida. No importaban las circunstancias fuera de mí, buenas o malas, tensas o relajadas, era capaz de permanecer en ese estado natural de ser de amor, felicidad, paz y alegría. Y sí, esto es algo que tú también puedes hacer. Y sí, esto es algo en lo que todavía estoy trabajando y quiero dominar. He aprendido que la forma en la que reaccionas a lo que sucede en el exterior, se basa puramente en lo que llevas en el interior.

Entonces, ¿cómo pasas de ser un lindo cachorrito a una leona feroz y concentrada? Hablo de cómo hacerlo, en el Capítulo 9, El Hábito de la Magia. Te mostraré los pasos que di para crear un nivel de conciencia para permanecer en vibraciones de energía más altas. Ahora, soy capaz de enfocar y mantener mi atención en el único pensamiento que tú y yo deberíamos tener siempre presente: viniste a este mundo para experimentar felicidad, amor, paz y alegría.

«Puedes ser un anfitrión para el amor, o un rehén de tu ego».
- Wayne Dyer

Siempre eliges una u otra, te guste o no. Si no estás centrado en tus sueños, en sentirte bien en este momento y en prestar atención a los pensamientos y sentimientos correctos, estás regalando tu atención a pensamientos y sentimientos negativos. Si no estás enfocado en tus sueños, estás dejando que el mundo exterior influya tu mundo interior. Siempre es tu elección.

Percepción

«La realidad es una mera ilusión, aunque muy persistente».
- Albert Einstein

No hay realidad, solo hay *percepción*. No hay realidad, solo hay juicios sobre lo que está sucediendo. La percepción es un principio clave de la magia que ilustra qué tan poderosas pueden ser nuestras mentes. Lo siguiente es un hecho: la magia no ocurre en mis manos, ocurre en tu cabeza. Yo sé cuál es el secreto y cómo se hace el truco, la magia, ocurre en tu mente. Como mago, sé que mientras pueda crear el ambiente adecuado, tu percepción de lo que está pasando hará el resto; llenarás los espacios en blanco con un inexplicable sentimiento de magia. Crearás la ilusión de que lo imposible acaba de suceder.

Es debido a tu percepción de lo que está sucediendo que se crea la experiencia de la magia. Piensa en esto por un segundo: hay dos perspectivas que suceden en un truco de magia. Está la del artista, el mago, el que conoce el «secreto» del truco y, por otro lado, está la del observador, tú, el espectador que está creando una experiencia subjetiva de lo que realmente está sucediendo. Se están creando dos realidades: la del mago, que solo está realizando una serie de acciones memorizadas, y la que tú estás experimentando, una interpretación subjetiva de lo que simplemente está sucediendo. Esto no solo se aplica a un truco de magia; también se aplica a cada una de las experiencias que suceden en tu vida.

Ahora saquemos este tema de un truco de magia y llevémoslo a tu experiencia de vida.

Como mencioné en la declaración inicial de este tema, te invito a pensar en la idea de que la realidad no existe y que lo que tú llamas realidad es solo una interpretación subjetiva de lo que está sucediendo. Permíteme explicarte esto con más detalle. La realidad no existe; las cosas son experiencias que están sucediendo. Piensa en una casa, por ejemplo. Una casa es solo la experiencia de una casa. No existe tal cosa como «mi casa» o «tu casa», o la «casa de alguien más». Aunque hemos creado la ilusión de que compramos un terreno a través de abogados, dinero, etc., una casa está simplemente *sucediendo*; una casa es solo la experiencia de cuatro paredes y un techo, que luego nos ayudan a experimentar lo que tú y yo llamamos «casa».

Aquí existe un ejemplo más personal. No hay tal cosa como «tu felicidad» o «mi felicidad», solo existe felicidad. No existe tal cosa como «tu abundancia» vs. «mi abundancia», solo existe abundancia. Cuanto más seas capaz de captar el concepto de que *tú no eres tú*, o de que *no eres quien crees que eres*, más entenderás cómo conectar con todas estas maravillosas experiencias de abundancia, felicidad, salud, riqueza, paz, amor, etc.

Todas estas maravillosas experiencias simplemente están sucediendo *ahora mismo*, todo el tiempo. No puedes atraer ninguna de ellas a tu vida, solo puedes sintonizarte con ellas. Y al entender que estos son *estados de ser* y que pueden ser alcanzados a través de tu percepción de las cosas, puedes empezar a dar forma a la vida para ser la experiencia que está destinada a ser: un viaje mágico y milagroso.

Eres un ser-humano, estás destinado a *ser* tus deseos. No eres un «hacer-humano», no estás destinado a luchar y luchar para conseguir las cosas. Puedes empezar a ser todo esto *ahora mismo*, con tus pensamientos y sentimientos. Leerás más sobre cómo ser la mejor versión de ti, en el Capítulo 10, La Magia de Verdad.

Aquí hay un ejemplo mucho más simple. Imagina un grupo de cinco personas entrando a un restaurante. Tan pronto como se sientan en una mesa y reciben los menús, cada uno de ellos tiene una percepción diferente de lo que está sucediendo en esta experiencia que llamamos un *restaurante*. Uno de ellos mirará los precios (realidad centrada en el dinero). Otro mirará los platos que sirve el restaurante (realidad enfocada en la experiencia del restaurante). Otro mirará las calorías de los platos (realidad enfocada en la salud). Otro buscará solo platos vegetarianos (realidad enfocada en buscar opciones de alimentación). Y el último no mirará el menú, sino que solo mirará el restaurante, viendo lo ruidoso o lo bonito que es el restaurante (realidad enfocada en factores más externos). Todos tienen una experiencia diferente de la misma realidad.

Te invito a que estés abierto a la comprensión de que nada existe realmente como lo conoces. Todo está simplemente *sucediendo* y es solo a través de tu percepción de las cosas (lo que llevas dentro) que creas tu realidad. **La realidad depende del observador**. La realidad es solo un concepto basado en lo que tú decides darle tu atención y a lo que decides observar.

Otra forma de ver esto es que tu percepción del entorno es lo que creará el resultado de tu vida. Lo que elijas mirar, creará tus pensamientos y sentimientos. La vida es una ecuación matemática abierta, donde el resultado depende de lo que pongas en ella. Tú eres el que crea lo que entra en tu ecuación, a través de tu percepción. Nada está definido; abre tu mente para darte cuenta de que el mundo en el que tú y yo vivimos hoy en día, *todo*, desde «necesitar» un trabajo para conseguir dinero, hasta «necesitar» vivir la vida de cierta manera, es solo una percepción de la vida que tú y yo hemos asumido como verdades y que ahora son nuestras creencias.

Así es como puedes empezar a usar tu mente para crear tu nueva realidad. A ti y a mí se nos ha dado un regalo. A ti y a mí se nos ha dado el don de dar forma a nuestra realidad basada en nuestra percepción de las cosas. Puedes decidir y entrenarte para ver lo que quieres ver. No importa cuál sea el entorno o las circunstancias, si parecen ser buenas o malas, recuerda que las cosas simplemente son. Tú eres el que, a través de tu percepción, le da a cualquier experiencia un *significado*.

Tal vez algo «malo» que te está pasando, simplemente sucede para alinearte con lo que realmente deseas en la vida. Esa circunstancia está aquí para ayudarte a saber lo que no te gusta para que puedas concentrarte en lo que si te gusta. Sin embargo, la mayoría de las veces, no puedes ver más allá de lo que está sucediendo en ese momento. Lo que te está sucediendo, está sucediendo en tu favor. Lo repito, **nada tiene sentido en esta vida hasta que tú le das uno.** Puedes elegir percibir cualquier experiencia que ocurra (ya sea «buena» o «mala») como mensajes de amor. Elige ver todo como un mensaje para ti, para que puedas definir lo que te gusta y lo que no te gusta. Nada te pasa. Todo pasa por ti.

El concepto de la percepción es clave para entender este mundo de ilusiones. Incluso estás usando tu percepción mientras lees este libro. La forma en que decidas interpretar subjetivamente la información que estás leyendo cambiará la forma en que estás viendo esta información. Como dijo uno de mis autores favoritos:

«Cuando cambias la forma en que miras las cosas, las cosas que miras cambian».
- Wayne Dyer

Capítulo 6
La Magia de la Física Cuántica

Física Cuántica 101

No soy de ninguna manera un experto en física cuántica ni tengo un doctorado en absoluto. Pero me fascina este tema y cómo, a través de la investigación y el estudio del mismo, me queda claro que los fundamentos de la física cuántica son esenciales para el tema de la manifestación, para vivir la vida que deseas y para crear milagros en tu vida.

La forma más fácil de describir la física cuántica es hablar de la teoría de la relatividad de Albert Einstein. Parte de la teoría de la relatividad habla de los electrones, las principales partículas que crean la realidad (de lo que está hecho todo en el universo). Albert Einstein dijo que los electrones se comportan en relación con el observador. La energía se convierte en materia y todo depende del observador y de su percepción de lo que observa —la teoría de la relatividad.

En aquel entonces, cuando los científicos observaron los electrones, no pudieron encontrar nada *físico*. Se dieron cuenta de que el electrón existía como una *onda de energía*. Cuando tuvieron la intención de ver realmente el electrón, observaron que el electrón cambió de onda de energía a una partícula (materia). El electrón pasó de ser una onda de energía y se colapsó en una partícula (materia), en el punto preciso del espacio que eligieron observar.

Esto es fascinante, ¡es alucinante! Pero, ¿qué significa? Que tú controlas tu realidad, que creas tu propia realidad. Significa que todo lo que *observas* (las imágenes en tu cabeza) se convierte en *materia*. Significa que cualquier cosa a la que le pongas tu atención, pasará de ser una onda de energía —una posibilidad— y se convertirá en partículas —materia—.

Vamos a cavar más profundo: si todo es energía, ¿cómo es que puedes verla? La razón por la que puedes *ver* la energía como algo físico, es porque, una vez que el electrón pasa de onda a materia, el electrón emite un fotón. Un fotón es una partícula fundamental de luz que hace visible todo lo que vemos en este mundo físico. Así que, si tu observación (en tu imaginación) es una casa, digamos que es la casa de tus sueños, estás empezando a colapsar las ondas de energía en partículas. Cuanto más imaginas la casa de tus sueños, más se colapsan los electrones de las ondas en partículas. Entonces estos electrones empiezan a emitir fotones y, de repente, la casa se te aparece en tu realidad, simplemente, te encuentras con ella. Puedes ver esta casa en tu experiencia de vida porque, recuerda, cuando los electrones emiten fotones, eres capaz de ver realmente la casa en tu realidad. Esto no solo se aplica a la casa de tus sueños, sino que también se aplica a todo lo que puedas imaginar o pensar: amor, abundancia, situaciones financieras, tu proyecto de vida.

Creas tu realidad observando y colapsando las ondas de energía en partículas. Creas tu realidad observando imágenes mentales de lo que quieres (o de lo que NO quieres), en tu imaginación.

Entonces, ¿cómo podríamos tú y yo aplicar este principio de la física cuántica para crear cualquier cosa que queramos vivir en nuestras vidas? La respuesta es a través de las imágenes. Creas tu realidad a través de imágenes, a través de tu imaginación. Las imágenes en nuestras mentes son como pequeñas películas de lo que queremos o no queremos. El problema es que la mayoría de la gente, y esto podría estar sucediéndote a ti también, pasa la mayor parte de su tiempo pensando e imaginando lo que no quiere. Es muy común ver a la gente hablando o quejándose del tiempo o de algo que ha pasado en las noticias o quejándose de lo ocupada que está la vida y el trabajo o de cómo los proyectos no van bien o del dolor que sienten en sus cuerpos, etc.

De ahora en adelante, sé consciente y habla solo de sueños, finales felices y posibilidades positivas. Recuerda: el Campo Cuántico (esta fuente de energía) siempre responde a tu imaginación, a las imágenes que observas en el ojo de tu mente. **La imaginación crea la realidad**. Y solo puedes imaginar cosas buenas si eres consciente y estás al tanto de lo que pasa en tu mente. Sé consciente de las imágenes que decides ponerle. ¿Te esfuerzas en pensar en las imágenes relacionadas con la vida de tus sueños y los deseos que quieres experimentar en tu vida? ¿O sigues viendo viejas «películas de miedo» de lo que no quieres experimentar? ¿Sigues eligiendo quejarte de lo que no salió bien en un pasado o hablas de dolores y enojos, estrés y ansiedad?

Estos son los fundamentos de cómo colapsar las ondas de energía en partículas y cómo crear cosas de lo invisible a lo visible. Recuerda que todo en este Universo está hecho de energía. Todo en este Universo está hecho de electrones. Los electrones están hechos de energía. Tus pensamientos son energía. Tus sentimientos son energía. Tu imaginación es energía. Todo lo que puedes imaginar existe en ondas de energía que pueden ser colapsadas en partículas, en materia. Tú y yo tenemos el poder de colapsar las ondas en partículas. Todo el mundo tiene este poder. ¡Todos somos humanos cuánticos!

¡Feliz imaginación!

El Universo Siempre Está Diciendo «SÍ»

El Universo siempre dice «sí». Es una de esas leyes universales que se aplican a ti, te guste o no, y seas consciente de ello o no. El Universo siempre está diciendo «sí». Esto es extremadamente importante para llevarlo contigo a medida que avanzas en tu vida. Por favor, no te lo tomes a la ligera. Es una de las herramientas más poderosas de las que puedes ser consciente. Ha cambiado mi vida para siempre. Veremos más adelante, en el Capítulo 8, Entendiendo la Magia de Verdad, cómo este Universo siempre te apoya, cómo este Universo quiere que vivas y cómo tienes el poder de este Universo corriendo a través de ti. Pero, por ahora, por favor, ten en cuenta el hecho de que este Universo siempre está diciendo «sí» a lo que sea que pongas ahí fuera.

Adelante, prueba esto ahora mismo:

Tú: «Mi trabajo apesta. Lo odio...».

Respuesta del Universo: «SÍ».

Tú: «Mi trabajo es genial, me encanta lo que hago...».

Respuesta del Universo: «SÍ».

Tú: «No puedo perder peso...».

Respuesta del Universo: «SÍ».

Tú: «Perder peso es totalmente posible...».

Respuesta del Universo: «SÍ».

Tú: «¡Agh! ¡Soy tan tonto!». (Cada vez que cometes un error, puedes tender a reaccionar diciendo algo como esto).

Respuesta del Universo: «SÍ».

Tú: «¡Soy brillante!».

Respuesta del Universo: «SÍ».

Tú: «No soy bueno en esto...».

Respuesta del Universo: «SÍ».

Tú: «Puedo hacer esto...».

Respuesta del Universo: «SÍ».

Tú: «Creo que la he fastidiado...».

Respuesta del Universo: «SÍ».

Tú: «Todo va a estar bien».

Respuesta del Universo: «SÍ».

Tú: «¿Me veo gorda en estos pantalones?».

Respuesta del Universo: «SÍ».

Tú: «Soy hermosa. Soy poderosa. Soy feliz. Soy...».

Respuesta del Universo: «SÍ».

El poder y la energía del Universo es como el agua. Si riegas tu jardín, el agua no elige cuáles plantas crecen y cuáles no. No elige las malas hierbas en lugar de las rosas, sencillamente no sabe cómo elegir. El agua simplemente da vida a ambos por igual, ayuda a que crezcan tanto las rosas como las malezas. El Universo es como el agua: nutre y responde a cualquier cosa a la que le prestes atención. Hará que tus pensamientos, ideas y creencias crezcan, los hará realidad. El Universo solo sabe cómo nutrir y hacer crecer cualquier semilla que tú decidas plantar. El Universo no distingue entre lo bueno y lo malo porque no hay nada bueno o malo en este Universo, solo hay aquello a lo que prestas atención.

Tenemos uno de los regalos más grandes: el libre albedrío, y con él podemos ejercer esta conexión con el Universo. Llegamos a esta vida sabiendo que se supone que debemos divertirnos con este principio, pero, en algún momento del camino, nos hemos olvidado de este poder. Así que, de ahora en adelante, por favor, recuerda este poderoso principio: el Universo siempre está diciendo «sí».

Es muy importante ser siempre consciente del diálogo interno que tienes contigo mismo. Haz que la vocecita que te dice lo que crees que puedes o no puedes hacer, tenga el diálogo correcto. Sí, puedes ser y hacer cualquier cosa que desees. Empieza por practicar este pequeño, pero enorme ejercicio con tu interior. Sea lo que sea a lo que le prestes atención y pienses, el Universo siempre le está diciendo «SÍ». El Universo está alimentando esos pensamientos y sentimientos, haciéndolos crecer y convirtiéndolos en tu realidad.

Capítulo 7
Sentidos Físicos
vs.
Sentidos Espirituales

Nunca Confíes en tus Sentidos Físicos

He pensado mucho en este capítulo. No sabía cómo abordarlo, pero espero haber encontrado una manera de hacer llegar el mensaje. Realmente creo en lo que estás a punto de leer, especialmente, en la segunda parte: tus sentidos espirituales. Pero primero, hablemos de los cinco sentidos físicos y de cómo, quizás, deberíamos dejar de confiar tanto en ellos.

Tus cinco sentidos físicos (vista, oído, tacto, olfato y gusto) siempre te están mintiendo.

Echemos un vistazo a cómo sucede esto en un simple truco de magia: cuando realizo un truco de magia, la única manera de desviar la atención de mi público o, en otras palabras, de *engañarlos*, es porque entiendo lo mucho que confían en sus cinco sentidos (sí, esto te incluye a ti también). Utilizo tus cinco sentidos para distraerte de lo que realmente está pasando. Me concentro especialmente en tu vista, tu tacto y tu oído para lograr una ilusión. Déjame explicarte esto con más detalle.

Digamos que estoy haciendo un simple truco de cartas. Primero, te pediré que mezcles las cartas. Al dártelas y dejar que las mezcles, apelo a tu sentido del tacto y de la vista. Te estoy dando una falsa ilusión de que tienes el control. Estoy creando la sensación, a través de esos dos sentidos, de que no hay manera posible de que pueda saber el orden de las cartas, lo que no es así, pero, al mezclar las cartas, te estás convenciendo de que tienes más control de la situación que yo. Eliges una carta, te pido que la vuelvas a poner en la baraja, en algún lugar del medio y vuelvo a mezclar las cartas. La forma en que mezclo las cartas puede parecer que no sé dónde podría estar tu carta. Estoy apelando a tu sentido de la vista. Ahora tengo dos de tus sentidos más fuertes de mi lado: la vista y el tacto.

En este punto, es demasiado tarde. A estas alturas, ya sé dónde está la carta y cuál es. Por cierto, también he apelado a tu sentido del oído cuando estaba mezclando las cartas. No solo ves las cartas, sino que también las escuchas al yo mezclarlas. Esta ilusión es muy

Sentidos Físicos vs. Sentidos Espirituales

convincente. Y, para colmo, te pregunto si quieres mezclar las cartas una vez más. Lo más probable es que digas que sí, porque tú no confías en mí y quieres asegurarte de que tienes el control. Pero, de nuevo, es un poco tarde. He logrado el arte de usar tus propios sentidos contra ti para engañar a tu cerebro.

Acabo de describir lo que sucede durante un simple truco de cartas. Acabo de describir un ambiente creado entre dos personas. Ahora, veamos cómo sucede esto en un entorno más complejo. Tú y yo tenemos nuestros cinco sentidos físicos para interpretar y experimentar el mundo físico que nos rodea. Pero tal vez puede ser que estás dependiendo de ellos para mucho más que solo interpretar este mundo físico, estás confiando en ellos para crear tu realidad en lugar de solo experimentarla.

Echemos un vistazo a un ejemplo muy simple de cómo tus cinco sentidos físicos te engañan todo el tiempo y por qué te pido que los dejes de utilizar para crear tu realidad. Ahora mismo, si estás parado, sentado o acostado, tus cinco sentidos te dan la ilusión de que no te estás moviendo. Pero tú y yo sabemos que esto no es cierto. Siempre nos estamos moviendo, ¿no es así? La Tierra está en constante rotación. Tú y yo siempre nos movemos con ella, pero nuestros sentidos nos engañan al creer que estamos quietos. Han creado la ilusión de que estás en un solo punto en el tiempo y te hacen sentir que el espacio está quieto. Esta misma ilusión ocurre cuando estás dentro de un coche en movimiento: realmente se siente como si no te estuvieras moviendo, aunque estés conduciendo a 100 km/h.

Me gustaría que estuvieras abierto a la idea de que nuestros cinco sentidos físicos nos son dados solo para interactuar y experimentar con este mundo físico. Mantente abierto a la idea de que tú y yo confiamos demasiado en la información que recibimos a través de estos sentidos físicos; aceptamos esta información como *verdades* en lugar de verla como *experiencias*. A través de nuestros cinco sentidos, hacemos que las experiencias sean personales. Pero no son personales, son solo experiencias.

Trata de imaginar tus sentidos físicos como herramientas para experimentar la parte de ti que es física, la parte humana de ti, este casco que llamas tu cuerpo y, especialmente, no permitas que lo que ves y lo que escuchas se convierta en lo que aceptas como realidad. Todo lo que experimentas en el exterior es un reflejo del interior. Tus sentidos físicos están limitados por naturaleza, pero no te preocupes, por eso tenemos nuestros *sentidos espirituales*.

Tus Sentidos Espirituales

Lo que estás a punto de leer es algo en lo que he estado pensando desde hace tiempo. Lo siguiente es algo que me vino como una revelación. Mi intención es que al compartir esto contigo, estés abierto a la posibilidad de que haya algo interesante y verdadero en lo que estás a punto de leer. Esto tiene mucho sentido para mí y espero que toque una o dos cosas que tu sientas que son verdaderas también...

Hay otros tipos de sentidos de los que deberías ser consciente, sentidos que tú y yo deberíamos volver a aprender a usar y cómo hacerlos más fuertes y sensibles. Estos sentidos son esenciales para que puedas crear y manifestar cualquier cosa que quieras. Los llamo *los sentidos espirituales*. Estos son los *verdaderos,* los que deberías usar para crear cualquier cosa y todo en tu vida. Estos sentidos espirituales están dentro de ti y la única manera de llegar a experimentarlos y activarlos es eliminando algunos, o la mayoría, de los físicos.

Aquí está la forma de eliminar primero tus sentidos físicos para que puedas aprovechar tus sentidos espirituales. Encuentra un lugar tranquilo. Siéntate en una silla o en el suelo o podrías acostarte en el suelo. Cierra los ojos y mantenlos cerrados. Así, has eliminado tu sentido físico más influyente: la vista. También deberías intentar usar auriculares y poner algún tipo de música suave, ambiental y tranquilizadora —nada con letras o ruidos fuertes—, algo suave y relajante, como las ondas sonoras theta o alfa.

Al hacer esto, ahora has eliminado cualquier ruido de tu entorno que pueda distraerte, como los ruidos chirriantes en tu casa, los coches en la calle o cualquier ruido que pueda distraer tu atención de este momento presente. Has eliminado tu segundo sentido físico más influyente: el oído. Y, por supuesto, si no estás comiendo ni oliendo nada ni tocando nada, has eliminado los cinco sentidos físicos. Todo lo que queda es esa oscuridad detrás de tus párpados. Te queda lo que está dentro del ojo de tu mente. Así es como empiezas a entrar en este mundo de energía. Así es como empiezan a conectarse con la más profunda Fuerza de Amor de la Energía dentro de ti y todo su poder ilimitado. Espera, sin embargo, esto es solo el comienzo. Hablaré más sobre qué hacer una vez que cierren los ojos, en el Capítulo 9, El Hábito de la Magia.

Todos nacemos con estos sentidos espirituales de los que hablaba anteriormente, solo que no sabemos realmente cómo usarlos o no sabemos que existen. Nunca nos enseñaron cómo crear una conexión con ellos. Pero, de vez en cuando, realmente los usamos. Es más bien un feliz accidente, ya que tú y yo no sabíamos que existían antes. Estos sentidos espirituales son los que nos ayudan a tomar buenas decisiones en nuestras vidas. Nos ayudan a sentirnos en paz; nos ayudan a experimentar felicidad y alegría. Son a los que recurrimos cuando tenemos una «corazonada» que nos lleva a la elección correcta. Es esa voz interior, pacífica (no temerosa), que a veces escuchas la que busca el camino hacia el amor, la felicidad, la paz y la alegría.

Ahora veamos qué son y cómo usarlas.

La Conciencia

Este es el sentido que inicia y activa todo. Sin empezar a dominar este sentido, no serías capaz de experimentar el resto. La conciencia es la clave para comenzar tu viaje hacia la comprensión de quién eres realmente y cómo crear magia en tu vida.

Entonces, ¿qué es la conciencia? La conciencia es saber cuáles son tus pensamientos, sentimientos y acciones todo el tiempo. Es saber cuál es tu *estado actual* de ser todo el tiempo. Es ver el panorama general de lo que está sucediendo ahora mismo, todo el tiempo. Es separarse del mundo físico y entender que todo lo que te rodea es energía, vibración y frecuencia. La conciencia es el constante cuestionamiento de «¿Cómo me siento ahora mismo? ¿Cuáles son mis pensamientos en este momento? ¿En qué estoy poniendo mi atención?».

Ya hemos hablado de esto, pero solo eres consciente del 5 % de tus pensamientos. El resto es un programa subconsciente que has instalado a lo largo de los años. Así que, ser consciente de tus pensamientos y sentimientos va a ser una constante batalla y entrenamiento. Pero ¿cómo sabes si has sido capaz de recuperar y retener tu conciencia? El objetivo es estar constantemente entendiendo y sabiendo lo que piensas la mayor parte del tiempo.

Aquí hay un par de ejercicios que puedes hacer para practicar la conciencia:

Número uno. Hazte estas dos preguntas, varias veces, a lo largo del día. Tal vez puedas escribirlas en un Post-it y llevarlo contigo todo el tiempo:

- ¿Cómo me siento ahora mismo?

- ¿En qué estoy pensando ahora mismo?

Hazte estas preguntas, al menos, cada media hora. Responde a estas preguntas con pura honestidad. No hay juicios. Nadie está mirando, esto es entre tú y tú solamente. Si te olvidas de hacer estas preguntas constantemente, entonces, no estás siendo consciente de tus pensamientos y sentimientos. Por lo tanto, tu nivel de conciencia es bajo. Y es fácil para ti caer en un modo zombi que te mantiene en piloto automático el 95 % del día.

Además, si la respuesta a esas preguntas es que te sientes estresado, ansioso, enojado, loco, triste o asustado o que estás pensando en lo que tienes que hacer más tarde en el día o estás pensando en lo que pasó ayer que te molestó o te encuentras desplazándote por tus medios sociales como un zombi, sin ningún enfoque o intención, entonces, tu conciencia no está siendo colocada en las cosas que importan ni está en el momento presente. Practica trayendo tu conciencia al momento presente y enfócala en la felicidad, el amor, la paz y la alegría. Intenta permanecer en este momento presente tanto tiempo como puedas. Luego, inténtalo de nuevo.

Concientización sobre la Energía

La conciencia de la energía es un nivel más profundo de conciencia, que te animo a que también empieces a practicar. La conciencia energética es la habilidad de sentir la energía fuera y dentro de ti. Hay cuatro corrientes de energía que puedes percibir mejor. La primera es la energía dentro de ti. Cierra los ojos y siente la energía dentro de ti. Cuando estás verdaderamente conectado a la conciencia de la energía dentro de ti, te sientes completo, te sientes energizado, te sientes en paz, te sientes cálido y sentirás una sensación muy fuerte de electricidad y vibración de energía dentro de ti. Solo cierra los ojos y empieza a sentir el latido de tu corazón. Mantén tu atención ahí y siéntelo; disfruta del calor que sientes una vez que encuentres el latido.

La segunda es la energía alrededor de tu cuerpo. Esta energía se expande cuando te sientes feliz, enamorado de la vida y en paz; y se contrae cuando sientes tristeza, frustración, ira, odio y ansiedad. Es posible que hayas sentido esta energía alrededor de tu cuerpo antes. Se siente como un calor en forma de huevo a tu alrededor. Te sientes menos pesado y más como energía. Te sientes caliente y hasta puedes sentir la vibración, la electricidad y el calor a tu alrededor. Si cierras los ojos y empiezas a imaginar esta energía fluyendo a tu alrededor, con el tiempo, eventualmente empezarás a sentirla. Lleva tiempo, como todo lo demás que has aprendido en la vida. Pero puedo prometerte que una vez que empieces a sentir esta energía, es uno de los sentimientos más reconfortantes y pacíficos que jamás hayas experimentado. Realmente ayuda si imaginas ondas de energía en forma de huevo, rodeándote.

La tercera es la energía que rodea a otras personas, animales, lugares y objetos. Puede que ya seas consciente de esto, pero, a veces, puedes sentir la energía de otra persona cuando entra en una habitación. Incluso puedes sentir cuando alguien está feliz o triste. A veces puedes sentir la energía que emana de alguien sin siquiera mirarlo.

El cuarto es sentir la energía que existe en todo el universo. Este es un concepto muy amplio, pero solo hay una energía que conecta todo, la naturaleza, los humanos, los animales, los lugares, los objetos, y todos somos parte de ella. Si eres capaz de cerrar los ojos y empezar a sentir que todos estamos conectados a través de esta única energía (porque todos estamos hechos de ella), estás activando tu conciencia energética y expandiéndola. Cierra los ojos y trata de imaginar a todos conectados a esta única energía. Intenta imaginar el Universo y su infinito. Todos somos uno.

Respiración

La respiración es un sentido espiritual fundamental que puedes usar para reajustar tu energía. En la acción de tomar una respiración profunda, mantenerla durante unos segundos y, luego, dejarla salir, en realidad, estás trayendo toda tu energía de vuelta a tu momento presente. No puedes respirar profundamente sin estar en el momento presente; tienes que concentrarte para hacerlo y, por lo tanto, estás trayendo todo tu ser a este momento.

Otra palabra para referirse a la respiración es «re-espiración». El significado de la palabra, *respiración*, es re-espirar o volver a espirar. Así que cada vez que respiras profundamente, recuperas tu fuerza y recuperas tu espíritu en el *ahora*. La palabra *espíritu* puede tener muchos significados diferentes, pero esencialmente, *espíritu* se relaciona con el Poder de la Vida, la Energía Creativa, su Fuente de Energía y la energía que creó el mundo.

Hay una razón por la que tú y todos los demás respiran profundamente justo antes de que estés a punto de hacer algo grande, algo aterrador o algo increíble. La razón es que hay una inteligencia dentro de ti que sabe que, al respirar profundamente, estás llamando a tu espíritu-energía de vuelta a ti. Intenta recordar un momento muy importante o crucial de tu vida, quizás un momento en el que necesitabas sentirte valiente. Por casualidad, ¿recuerdas haber respirado profundamente segundos antes de hacer cualquier cosa que te diera miedo? ¿Recuerdas haber respirado profundamente y luego haber tenido esa sensación de coraje en ese preciso momento después de haber respirado? Esto sucede porque, con cada respiración profunda, tú estás llamando a tu espíritu de vuelta a ti. Cuando *re-espiras*, nada puede detenerte.

La respiración nos permite recuperar nuestra fuerza de energía pura. También nos ayuda a reconectarnos con la Fuente de Energía. Por eso es muy importante practicar la respiración y entender cómo funciona. Aquí hay un ejercicio que puede ayudarte a empezar a hacer lo que hay que hacer:

Cierra los ojos. Inspira lentamente. Aguanta la respiración por unos segundos. Luego déjalo salir lentamente. Hazlo de tres a cinco minutos todos los días cuando te despiertes por la mañana y todas las noches antes de irte a la cama. Siente cómo entra y sale el aire, concéntrate en tu corazón y no pienses en nada. Todo se trata de ti en ese momento.

Aquí hay otro ejercicio que puedes hacer a medida que mejores con el ejercicio descrito anteriormente:

Concentra tu atención en tu respiración. Después de unas cuantas respiraciones profundas, empieza a imaginar una gran bola de energía sentada en la zona de la pelvis, justo detrás de tus órganos reproductores. A medida que inspiras profundamente, imagínate succionando esta bola de energía desde el área de la pelvis hasta los intestinos, hasta el estómago, hasta el pecho, hasta la garganta, hasta el tercer ojo (entre las cejas) y terminando en la parte superior de la cabeza. Todo esto sucede en una respiración continua, larga y fuerte. Esta es una forma muy activa de respirar.

Tu objetivo es dejar que la energía dentro de ti fluya desde la parte inferior de tu cuerpo hasta la parte superior. Una vez que llegues a la parte superior de tu cabeza, mantén la respiración durante unos cinco o diez segundos y luego suéltala. Cuando lo sueltes, relaja todo tu u cuerpo, deja ir todo. Haz esto unas diez veces. Ten paciencia; se pone mejor cuanto más lo hagas. Recuerda que todo tomará un poco de tiempo antes de que lo consigas. Usa tu conciencia para ayudarte a sentir lo que está pasando dentro de ti.

Lo que estás tratando de hacer al imaginar la energía que se mueve desde el área inferior de la pelvis hasta la parte superior de la cabeza, es crear un flujo de energía; un flujo de energía que se ha atorado previamente debido a la sensación de estrés, ansiedad, miedo, tristeza, etc. Tu *modo de supervivencia* almacena energía en la parte inferior de tu cuerpo, y necesitas que esa energía fluya para llegar a tu *modo creativo*, que comienza en tu corazón. Aquí es donde comienza la manifestación.

Estar Presente

Si no estás presente en el ahora, no estás conectado a la Fuente de Amor. Hoy en día se habla mucho de vivir en el momento presente. ¿Pero qué significa eso realmente? ¿Cómo se puede lograr realmente *estar presente*? Estar en el momento presente requiere mucha práctica y dominio. Es algo que todo el mundo debería estar practicando todo el tiempo. Es la idea de olvidar cualquier cosa que haya sucedido en el pasado (incluso hace unos segundos), y cualquier cosa que pueda suceder en el futuro. Es dejar ir tu identidad, tu nombre, sexo, edad, personalidad, situación, etc. Es olvidarse de todo.

Si realmente estás viviendo en este momento presente, no eres *nadie ni nada ni nadie ni lugar ni tiempo*. Eres un padre para nadie; eres un hermano para nadie; no eres un marido, una esposa, una pareja, un hijo, una hija, etc. No hay tiempo, no hay espacio. Eres energía pura en este único momento eterno. Eres simplemente una experiencia. Nada y todo existe al mismo tiempo.

Este concepto de estar en este único momento eterno es muy importante de entender. Por ejemplo, digamos que tienes 33 años. Estás casado y tienes un hijo. Digamos también que tienes una hermana y tus padres viven a un par de cuadras de ti. Si realmente estás en el momento presente, es como si hubieras nacido justo en este momento. Imagínate que naciste a los 33 años. No sabrías nada de este mundo. No reconocerías a tu esposa, hermanos o familia. Ni siquiera sabrías lo que significa tener 33 años. No sabrías tu nombre o dónde estás o qué idioma hablar. Lo único de lo que serías consciente es del hecho de que eres pura conciencia. Solo serías consciente de la energía dentro y alrededor de ti. Esto es lo que significa estar en el momento presente. Significa que no hay nada más que pura conciencia sucediendo. Simplemente estás sucediendo.

¿Cómo puedes practicar esto? Aquí hay una forma de hacer esto. Cierra los ojos y concéntrate en la energía que vive dentro de ti. *Siente* la energía dentro de ti. Concentra tu atención en sentir la energía dentro y alrededor de ti. No pienses en nada durante todo el tiempo que puedas (o centra tus pensamientos en sentir los latidos de tu corazón). Si algún pensamiento te viene a la mente, no estás experimentando el presente ahora. Respira profundamente y empieza de nuevo.

Recuerda esto: Cuando *sientes*, no estás *pensando*. Tu cerebro no puede prestar atención a dos cosas al mismo tiempo.

Silencio

«Pienso 99 veces y no encuentro nada. Dejo de pensar, nado en silencio, y la verdad viene a mí».
- Albert Einstein

El silencio es la puerta para entrar en el mundo espiritual. El silencio es la respuesta a todo. El silencio es el camino. El silencio te ayuda a obtener claridad; te ayuda a encontrar las respuestas que has estado buscando. La paz se encuentra en el silencio. El silencio es amistoso. El silencio es amable. El silencio no es el monstruo que crees que es. Está lleno de amor, felicidad, paz y alegría. Encuentra tiempo para estar en silencio y en *nada* encontrarás *todo*.

Puede que hayas perdido la práctica de cómo guardar silencio. La mayoría de la gente no es capaz de sentarse más de dos minutos en silencio sin decir una palabra, solos, sin tener ningún pensamiento. El dominio del silencio es algo que todos necesitamos practicar más, desde hablar menos hasta pensar menos. Al lograr el silencio interior, estás creando el espacio para que la *verdadera magia entre en tu vida*; estás permitiendo que los milagros fluyan. El silencio es el lugar donde encontrarás la paz.

Antes de cualquier creación, había silencio. Piensa en esto por un segundo: antes de que se creara cualquier cosa, había silencio. Antes de que digas una palabra, hay silencio. Antes de que pienses cualquier pensamiento, hay silencio. Antes de que uses tu imaginación, hay silencio. Antes de que haya movimiento, hay silencio (estar quieto). Antes de que existiera la galaxia tal como la conocemos, había silencio. Incluso antes de que vinieras a este mundo físico, había silencio. La creación sale del silencio. Por eso es clave practicar el estar en silencio. El silencio te conecta con tu interior. Esa Fuerza Energética interna, que está lista para crear milagros en tu vida, solo puede ser alcanzada a través del silencio. No tengas miedo al silencio. Recuerda, en el otro lado de tu mente ocupada, está esa paz que has estado buscando.

Estar en silencio es apagar la vocecita dentro de ti. Intenta hacer este ejercicio: cierra los ojos por un minuto. Intenta silenciar la voz dentro de ti. ¿Cuánto tiempo puedes pasar antes de que cualquier pensamiento aparezca en tu mente? ¿Cinco segundos? ¿Diez segundos? O tal vez no pudiste encontrar ni un segundo de paz y silencio antes de que esa voz entrara en acción. ¿Estás pensando en lo que hay para cenar? ¿Estás pensando en los niños? ¿O estás pensando en lo que tienes que hacer para el trabajo? Mi objetivo es ayudarte a ser consciente de lo conectado o desconectado que estás al silencio. ¿Cuál es tu relación con este sentido espiritual? ¿Eres capaz de practicar el silencio interior y no pensar en nada en absoluto? ¿Eres capaz de simplemente cerrar los ojos y disfrutar de la sensación de silencio?

Una vez que seas capaz de silenciar todos los pensamientos (con los ojos cerrados, por supuesto), siente la energía del silencio y quédate ahí un rato (intenta un mínimo de diez minutos). Serás capaz de llegar a un lugar donde encontrarás paz. Te sentirás más descansado haciendo esto durante veinte minutos que durmiendo durante tres horas. Puedo prometerte que empezarás a ver las cosas de manera diferente. Dejarás de apresurarte en la vida. Empezarás a conectarte más con el momento presente. Empezarás a buscar más silencio, porque ahora sabes que la paz está a solo un momento de silencio.

Confianza

En el siguiente capítulo, Entendiendo la magia real, leerás sobre el concepto de que la magia ocurre en lo desconocido. La magia y los milagros ocurren en esa área incierta que no podemos predecir. Todo lo que quiero señalar por ahora es que lo desconocido (donde ocurre cualquier magia) va de la mano con este sentido espiritual de confianza.

La confianza es el único sentido que requiere que conquistes tu miedo a dejar ir y tu ilusión de control (necesidad de controlar todo lo que pasa en tu vida). Tienes que dejar ir la necesidad de planear cada uno de los eventos que pueden suceder en tu vida. Cuando simplemente *confías,* estás poniendo tu conciencia en el hecho de que la vida es perfecta, que eres ilimitado, que eres un creador Divino y que todo funciona a tu favor. Estás reconociendo que hay este flujo Divino de energía y amor que está haciendo que este Universo funcione y también está cuidando de ti. Confiar en esta energía solo puede crear más de las mismas experiencias y sentimientos en los que te estás enfocando. Confiando en que todo está bien, estás haciendo milagros en tu experiencia. Antes de confiar completamente, déjame compartir contigo el pensamiento detrás de por qué está bien simplemente confiar y dejar ir...

Los humanos crearon el concepto de *dualidad*. Donde hay bien, creamos el mal. Donde hay luz, creamos la oscuridad. Donde hay felicidad, creamos la tristeza. Y así sucesivamente. La dualidad es solo un concepto creado por nuestros egos. La dualidad fue creada cuando los humanos sintieron la *separación* de esta Energía Divina. La dualidad fue creada en el momento en que los humanos olvidaron que somos parte de esta Energía Divina —olvidamos que todos somos uno, olvidamos que nunca estamos solos, olvidamos que nuestro estado natural de ser es el amor, la felicidad, la paz y la alegría—.

El miedo, la ira, el estrés, la ansiedad y el odio nacieron dentro de nuestras cabezas, son solo ideas que creamos. Son ideas creadas por el miedo, e ideas creadas por el pensamiento de que un día no va a haber suficiente para ti o para mí. Ninguno de estos conceptos negativos existen en el Universo Espiritual. El Universo Espiritual es ilimitado, poderoso, abundante e infinito; y tú eres uno con él.

No hay tal cosa como una *mala experiencia*. Una *mala* experiencia es simplemente una experiencia. Nosotros somos los que tomamos lo que está pasando y le damos un significado. La mayoría de las veces, elegimos interpretar las experiencias a través del miedo, la ira, la falta, el estrés y la ansiedad. Si podemos reconectarnos de verdad con lo que realmente somos, solo hay felicidad, amor, paz y alegría. La Energía que creó los mundos es cuidadosa y amorosa. Siempre está creando más abundancia. Al igual que la naturaleza, esta Energía quiere que crezcas y vivas tanto como puedas.

Piensa en el siguiente pensamiento por un momento: si experimentas un pequeño corte en la palma de tu mano, por ejemplo, la herida se cerrará por sí misma. La herida se curará; esto es natural. Esto es lo que se supone que debe suceder. Es bastante mágico que nuestro cuerpo se repare a sí mismo. Y si realmente lo dejas, puede reparar cosas más allá de nuestra comprensión. ¡Este Universo quiere que vivas! ¡La vida siempre está en perfecta armonía si lo permites! El propósito de la vida es siempre prosperar y expandirse. Este es un pequeño ejemplo que podría ayudarte a dejarte ir y empezar a confiar. La vida siempre está funcionando para ti. Vives en un mundo seguro; vives en este lugar perfecto, en el momento perfecto, viviendo la experiencia perfecta para ti en este momento. Simplemente confía en que todo te saldrá bien, no importa lo que estés viendo ahora mismo.

Conquistar la confianza es la conexión más poderosa que puedes desarrollar con la Energía Divina que vive dentro de ti. Tú y yo podemos mejorar en esto. Aquí hay un ejercicio que puedes hacer: todos los días, durante los últimos cinco minutos antes de acostarte, cierra los ojos e imagínate en un río lento. Imagina que este río representa el flujo de la vida, el flujo de la Energía Divina en ti. Empieza a sentir que tu vida y todas las experiencias en ella, están exactamente donde deben estar.

Todo lo que te rodea es exactamente como se supone que debe ser. Todo está en el lugar correcto y en el momento adecuado. Imagina que estás dejando ir cualquier percepción limitada de si algo es bueno o malo. Una vez que estés en este río, simplemente déjalo ir y sigue la corriente; nada más importa. Relájate. Imagínate flotando por este río de confianza. Siente que eres parte de este gran flujo de energía que solo funciona para tu mejor experiencia de vida.

«Tener fe es confiar en el agua. Cuando nadas, no te agarras al agua, porque si lo haces, te hundirás y te ahogaras. En cambio, te relajas y flotas».
- Alan Watts

Imaginación

«La imaginación es más importante que el conocimiento».
- Albert Einstein

La imaginación es muy poderosa. Es una manifestación pura. Este sentido espiritual es mitad en el Universo Espiritual y mitad en el Físico. Quiero que imagines algo que realmente desees. Tal vez sea algo relacionado con la salud o la riqueza o algo material o algo no físico, una experiencia. ¿Tiene una imagen mental clara de ese deseo? ¡Bueno! Me gustaría que fueras consciente de lo siguiente: el pensamiento de tu deseo no estaba presente en tu cabeza segundos antes de que te pidiera que lo imaginaras. No existía en tu cabeza antes de que te pidiera que pusieras tu atención en él. Este pensamiento existía fuera de ti, en el Universo Espiritual, en el Mundo Invisible. Y usando tu imaginación, *capturaste* este pensamiento, y lo trajiste al ojo de tu mente. La imaginación es como una red que atrapa todos los pensamientos; todos los pensamientos ya existen como una posibilidad en el Campo Cuántico o el Universo Espiritual.

Cualquier cosa y todo lo que puedas imaginar, pensar o experimentar en tu vida, está en algún lugar ahí fuera, ya existe. Por ejemplo, imagina una versión de ti que tiene todo lo que siempre has querido y deseado. Si eres capaz de imaginar este escenario, significa que esta versión de ti ya existe como una posibilidad en el Campo Cuántico y a través de tu imaginación, eres capaz de captar ese pensamiento. Literalmente estás manifestando un pensamiento que no estaba presente dentro de tu cabeza hace un segundo.

Para convertirte en esa *versión de ti*, la que ya está experimentando esos deseos, debes ser esa versión *ahora mismo*. Usando tu imaginación, puedes empezar a ser rico, saludable, libre, ilimitado, etc., ahora mismo. Si vives tu vida a través de tu imaginación, sintiendo que esta *versión de ti ya eres tú*, los hechos (tu entorno) eventualmente se pondrán al día con la verdad (el verdadero ser que te estás imaginando ser). Es por eso que pensar positivamente no funciona, porque no atraes lo que piensas, atraes más de lo que ya eres. Y al usar tu imaginación, puedes vivir en tu visión de quién eres *realmente* —esta versión perfecta de ti—. Tienes que vivir tu vida como si lo que deseas ya hubiera sucedido.

«No pienses en lo que no quieres. Piensa en lo que quieres».
- Neville Goddard

Tienes que practicar el no tener límites, mientras imaginas cualquier cosa. El cielo no es el límite; hay mucho más. Tómate el tiempo para dar forma e imaginar tu vida perfecta y empieza a vivir en ella, dentro de tu cabeza. La imaginación es la clave para definir tu camino. ¿Alguna vez has pasado más de diez minutos imaginando cómo es tu vida perfecta? ¿Has elaborado ese pensamiento? ¿Cómo se siente? ¿Qué haces cuando te despiertas en esta increíble vida de ensueño? ¿Qué comes? ¿Con quién estás? ¿Qué hora del día es? ¿Dónde estás? ¿Qué tiempo hace? ¿Qué tipo de actividades haces? ¿Qué tipo de pensamientos tiene esta persona (tú)? ¿Cómo reacciona esta persona ante los demás?

Todo, en este mundo visible, comenzó en el mundo invisible. Todo lo que puedes ver, tocar y experimentar comenzó en la imaginación de alguien: tu teléfono, tu ordenador e incluso tú empezaste como un pensamiento en la imaginación de otra persona. Así que, si quieres crear algo nuevo, tienes que entrar en ese Mundo Invisible, el Mundo Espiritual, el Campo Cuántico.

Juega con tu imaginación. Conviértete en un maestro de la utilización de la misma. Tienes que imaginar tus deseos como si ya hubieran ocurrido; cree que son reales y lo serán. Así de difícil es imaginar tu vida perfecta. Recuerda: *o lo eres o no lo eres*. No hay tal cosa como *convertirse*.

Así que, si tu realidad actual te muestra información de que no estás viviendo tus deseos y tu vida soñada, tienes que ignorar la ilusión que estás percibiendo. Así es como cambias tu realidad. Puedes vivir tu vida soñada ahora mismo. Como un increíble mentor me dijo una vez:

«Los hechos (tu entorno, las pruebas físicas, las experiencias a tu alrededor) se pondrán al día con la verdad (quién eliges ser dentro)».
- James MacNeil

Intención

La intención es tu deseo en acción. Una vez que defines una visión clara de lo que deseas manifestar (qué es, cómo se ve, cómo se siente al experimentarlo, etc.), tu intención es cada una de las acciones que haces, piensas en hacer o decides tomar acción para hacer que ese deseo suceda.

Tomemos como ejemplo la pérdida de peso. Vivir una vida saludable, que refleje un cuerpo fuerte y en forma, es tu intención. Cualquier pensamiento, sentimiento o acción hacia esta visión tuya, como comprar la membresía de ese gimnasio, buscar recetas saludables, beber más agua, sentirse bella y poderosa, etc., es tu deseo en acción. Tu deseo es activar tu interior, tu energía interior, para hacer o pensar todos estos pensamientos, sentimientos o acciones a través de esa clara intención. Si realmente logras todos estos objetivos o no, al principio, no importa. Tu intención ha iniciado un efecto de bola de nieve dentro de ti que antes no existía. Este es el poder de la intención. Tu intención está conectada a la Fuente de Energía. Cuando lo permites, tu intención toma vida propia. Así es como te conectas con el Mundo Espiritual a través de tu intención; simplemente permites que tome una vida propia. Y mientras la hayas definido claramente, nada ni nadie te impedirá llegar a ella, ni siquiera tu mismo. La clave es crear el hábito de revisar tu intención a cada momento del día. Si te mantienes conectado a tu intención, empiezas a vivir de ella. Comienzas a experimentarla dentro de ti, eventualmente, se hace presente fuera de ti.

Después de definir una clara intención, debes colocar esta intención en dos lugares: en tu corazón y en el ojo de tu mente (detrás de tus ojos y entre tus cejas). Imagina que literalmente pones una bola de energía, representando tu deseo, dentro de tu corazón y dentro del ojo de tu mente. Una vez que abrazas esa intención y la colocas visualmente dentro de estos dos lugares, es bastante interesante notar cómo todo lo que haces comenzará a gravitar hacia este sueño tuyo. Y si te sigues recordando a ti mismo que ahora has anclado tu clara intención dentro de estos dos lugares, una vez que toques tu corazón o tu cabeza, será más fácil vivir desde ese nuevo estado de ser, ese deseo.

Cada mañana y cada noche, debes definir una clara intención para el día y para la noche. Por ejemplo, «Es mi intención disfrutar cada momento de hoy», «Es mi intención ser consciente de mis pensamientos en todo momento», «Es mi intención vivir una vida próspera y abundante». O por la noche, «Es mi intención tener un gran descanso para que mi cuerpo y mi mente puedan regenerarse y curarse», etc. Tu cuerpo y tu cerebro empezarán a escuchar tus claras intenciones. Recuerda que una intención clara viene del *tú espiritual*; está llena de amor y paz. Y mantener las emociones elevadas y sentir como si tu deseo (tu intención) ya hubiera sucedido, hará que la experiencia llegue a ti.

Intuición

La intuición es la vocecita que te guía en esos momentos difíciles en los que parece que no sabes qué hacer. Cuando te quedas quieto, cuando silencias tus pensamientos y dejas de pensar, de repente, verás claridad y la respuesta vendrá a ti, es decir, cómo conectar con tu intuición. Tu intuición te empuja a la grandeza. Nunca viene de un lugar de miedo; solo conoce el amor y la paz. Tu intuición nunca puede guiarte mal. Tu intuición siempre tendrá la respuesta a ese problema.

Es muy importante no confundir la voz de tu intuición con la voz del miedo al ego. La voz del ego siempre vendrá de un lugar de separación. La voz del ego estará llena de ira, miedo, ansiedad o tristeza. Tu intuición siempre se sentirá bien. Cuando escuchas tu intuición, siempre sabes qué es lo correcto, siempre sabes que todo va a estar bien.

Tu intuición es una conexión con tu espiritualidad. Es el diálogo interno entre la Energía Divina y el Tú Divino. Puede que hayas experimentado algo como lo siguiente: ¿has sentido alguna vez la necesidad de llamar o contactar con alguien? ¿Alguna vez has sentido ganas de tomar un camino diferente a casa? ¿Has sentido alguna vez la necesidad de hablar con ese extraño que viste en la calle? ¿Has sentido alguna vez la necesidad de ayudar a una persona que nunca has visto antes? En todos estos escenarios, tu intuición te está hablando. Siempre que sientas la necesidad de hacer algo fuera de lo común o de probar algo nuevo, quizás algo que pueda parecer aterrador o algo que normalmente no harías, sé consciente de que es tu intuición la que te habla.

Para escuchar lo que tu intuición trata de decirte, debes guardar silencio. La respuesta siempre vendrá a ti. Tu intuición siempre está en contacto con la Fuente de Energía, es parte de ella, y es parte de ti. Tu intuición viene de un lugar de amor y paz, tiene una sabiduría infinita y siempre está a un momento de silencio.

Propósito

El propósito es un sentido espiritual muy interesante de entender. Es un sentido espiritual (así como los otros) que crea una conexión con el Universo Espiritual. El propósito solo puede ser experimendo; solo puede ser sentido, y solo puede ser vivido en este momento presente.

Toda tu vida has sido condicionado a creer que necesitas encontrar el propósito de tu vida allá afuera. Se te ha dicho que lo busques en algún lugar del exterior, o quizás has sentido que necesitas averiguar la razón por la que estás en este planeta. Aquí es donde creo que hemos sido engañados o hemos construido una creencia incorrecta sobre el propósito de nuestra vida.

El propósito de tu vida nunca se encontrará en el exterior. No está ahí fuera; no necesitas ir a buscarlo. El propósito de tu vida ya está dentro de ti y sí, tienes uno. Por el mero hecho de estar vivo ahora mismo, y de haber nacido en este mundo, tienes un propósito. Tu propósito no se esconde de ti en absoluto, y no es un problema que necesites resolver. El propósito de tu vida no te vendrá a través del pensamiento y no te vendrá a través de tus pensamientos. El propósito de tu vida solo puede ser experimentado cuando vives en el momento presente y cuando eres consciente. Solo puede ser experimentado a través de tu corazón. Solo se puede experimentar cuando haces lo que amas; necesitas hacer lo que te inspira.

El propósito es la paz. Y cuando descubras el propósito de tu vida a través de estar presente en todo lo que haces, tu vida cambiará. Descubrirás un tú más grande, alguien que no sabías que existía. No busques el propósito de tu vida, ya está dentro de ti. Guarda silencio, escúchalo y que salga a flote, ya que siempre está presente.

Puedo asegurarte que has sentido el propósito de tu vida unas cuantas veces a lo largo de tu vida. Has tenido la sensación de estar en el lugar correcto, en el momento adecuado, ayudando a alguien, inspirando, haciendo algo que te encanta hacer, hablando apasionadamente sobre algo que amas, perdiendo la noción del tiempo, disfrutando, sintiéndote creativo y siendo apasionado, lleno de energía, etc. Debes seguir jugando. El propósito de tu vida está en algún lugar dentro de ti; escúchalo, sigue conectándote a él y no lo experimentes solo unas pocas veces, empieza a vivirlo.

Capítulo 8
Comprensión de la Verdadera Magia

La Magia Fuera de Ti (la Magia que Crea Mundos)

El mundo en el que vivimos es un lugar tan hermoso, lleno de milagros. Está lleno de diferentes colores, olores, formas, clima, etc. Tómate tiempo para prestar atención a la naturaleza que te rodea; hay tantas respuestas que puedes encontrar y sentir, con solo mirar la naturaleza. Por ejemplo, ¿cuánto crece un árbol? Respuesta: tan alto como puede, ¡tanto como puede! En realidad, nunca deja de crecer. Por naturaleza, los árboles y las plantas están diseñados para seguir creciendo y expandiéndose.

Tú y yo también estamos diseñados para seguir creciendo y expandiéndonos. Los humanos son la única especie que por elección, no crece hasta su máximo potencial. Los humanos son la única especie que busca una zona de confort y decide quedarse allí. Es increíble darse cuenta de que, por elección, decidimos detener nuestro propio crecimiento y no aprovechamos todo nuestro potencial. Y esta elección se ha convertido en un hábito. ¿Recuerdan el capítulo 3, El poder del cerebro? Pero volvamos a la magia que hay fuera de ti.

Abre tu conciencia a la imagen completa del planeta Tierra. Este planeta tiene océanos, volcanes, bosques, desiertos, montañas, selvas, tantos ambientes y ecosistemas que trabajan en perfecta armonía para la gran vida de este planeta. La parte más sorprendente de todo esto es que *nada se sale de lugar*: los océanos no empiezan a flotar en el espacio; los árboles no dejan de producir el oxígeno que respiramos; la atmósfera proporciona el ecosistema perfecto en el que podemos sobrevivir. Hay una Fuerza Energética que mantiene todo en su lugar, trabajando en perfecta armonía. Hay una Fuerza de Amor que mantiene el agua en su lugar, las montañas altas, los bosques que respiran, los desiertos calientes y las selvas húmedas, un ecosistema perfecto.

Ahora veamos un panorama aún más amplio. Esta Fuerza Energética es también la misma Fuerza de Amor que mantiene a nuestro planeta girando en una órbita perfecta alrededor del sol. Es la misma Fuerza Energética que mantiene a todos los planetas moviéndose en perfecta armonía; los planetas no se salen de su órbita. Una vez más, hay algo increíble que lo mantiene todo unido, una Inteligencia Divina, que simplemente mantiene las cosas en su lugar. Esta Inteligencia Divina mantiene todo moviéndose como se supone que debe hacerlo. Mantiene el sol caliente y el Universo en movimiento. Este pegamento que mantiene todo junto es el Amor Puro.

Esta es *la magia que hay fuera de ti*. Está en todas partes; está en todo el Universo, es el Universo, una Fuerza de Amor de Energía que solo conoce la armonía y el amor. Y si eres capaz de cerrar los ojos y sentir cómo todo está en el lugar correcto, manteniéndose unidos por esta Fuerza Energética, te estás permitiendo conectar con esta Energía y atraer más de ese poder a tu vida.

¿Adivina qué? Esta Fuerza Energética también vive dentro de ti. La misma energía que creó los mundos, vive dentro de ti. La misma energía que mantiene todo este Universo en su lugar, vive dentro de ti. La misma energía que mueve una estrella fugaz a través de la galaxia, mueve un pensamiento dentro de tu cabeza. La misma energía que mantiene el sol caliente, mantiene tu corazón latiendo. Y puedes aprovechar esta gigantesca Fuerza Energética para crear cualquier cosa que quieras en tu vida. Solo tienes que ser consciente de ello. Y al tomar conciencia de ello, entendiendo que eres poderoso por naturaleza, estás honrando tu valía para recibir milagros en tu vida, y para crearlos.

Deja de convertirte en una víctima de tus circunstancias y empiezas a ser el creador de tu entorno. Empiezas a entender que las cosas no te suceden a ti y que las cosas suceden para ti y por ti. Eres una extensión de esta Energía. Eres una extensión de este Universo. Y solo hasta que entiendas tu conexión con esta Inteligencia Divina podrás reclamar tu poder y crear el mundo que quieres, tu mundo.

La Magia Dentro de Ti

Me llevó mucho tiempo entender y vivir mi vida desde esta simple verdad: hay magia viviendo dentro de todos y cada uno de nosotros. Es una de esas cosas que di por sentado. Sabía que existía, pero no sabía realmente que estaba ahí o cómo llegó ahí o qué hacer con ella. Es difícil ver el panorama general cuando no le prestas atención.

Permíteme compartir contigo algunos de los pensamientos y sentimientos que me han abierto los ojos. Los siguientes son pensamientos y sentimientos que repito constantemente en mi cabeza todos los días, para recordarme lo afortunado que soy de estar aquí y ahora. Comprender y repetir los siguientes pensamientos y los sentimientos que acompañan a estos pensamientos, comenzará a crear nuevos patrones neurológicos en tu cerebro. Estos nuevos patrones neurológicos eventualmente comenzarán a reemplazar viejos hábitos dañinos, como quejarse o poner tu atención en lo que te molesta. Cuanto más pienses en estos nuevos pensamientos mágicos, más destruirás los viejos y dañinos.

Mientras lees este siguiente párrafo, por favor, intenta seguir la energía de tus emociones (energía en movimiento). Permítete abrazar completamente lo que estás a punto de leer. Imagina y siente lo que estoy a punto de recorrer. Deberías practicar este ejercicio todos los días y todas las noches. Solo toma unos cinco minutos para completarlo, pero cuando realmente te comprometes, los resultados te ayudarán a mantenerte conectado a la Fuente de Energía que creará milagros en tu vida. Así que, por favor, abre tu enfoque y mantén tu atención en lo que estoy a punto de decir y sentirás la abundante, poderosa y mágica Fuerza del Amor que lo mantiene todo unido. Has esto regularmente, crea un hábito de esta rutina y crearás más de lo *mismo* en tu vida.

La meditación mágica *dentro de ti...*

Toma conciencia de los latidos de tu corazón. Piensa en lo siguiente: ¿eres tú el que le da a tu corazón las instrucciones de cómo debe latir? ¿O tu corazón late por sí mismo, solo porque sabe cómo hacerlo? Date cuenta del hecho de que no eres tú, conscientemente, quien controla los latidos de tu corazón. Tu corazón está latiendo maravillosamente sin que tú le digas cuándo y cómo hacerlo, esto es magia real.

Ahora toma conciencia de tus pulmones. Presta atención a cómo entra y sale el aire. No es hasta que les prestes atención que te das cuenta de cómo tus pulmones hacen esta milagrosa función. Una vez más, no estás dispuesto a ordenar a tus pulmones que hagan la función; ellos ya *saben* qué hacer. Simplemente toman la cantidad correcta de aire que tu cuerpo necesita para vivir y exhalan la cantidad justa que tu cuerpo necesita para deshacerse del dióxido de carbono. Tomar conciencia del hecho de que no eres tú, conscientemente, quien controla el tomar lo que necesitas del aire y deshacerte de lo que no necesitas, es una verdadera magia.

Lo mismo ocurre con cada una de las funciones de tu cuerpo: la sangre que viaja por tu cuerpo; la forma en que tu sistema digestivo toma los alimentos que comes, procesa lo que necesita y se deshace de lo que no. Toma conciencia de las increíbles funciones corporales en las que no tienes que pensar, pero lo más importante es que no tienes control sobre ellas, pero todas ellas trabajan en perfecta armonía, manteniéndote vivo. El pensamiento más importante del que debes ser consciente es el hecho de que no estás controlando ninguna de ellas. Solo eres un anfitrión de todos estos *milagros*; eres un anfitrión de esta Fuerza de Amor que mantiene todo pegado. Eres un anfitrión de la *magia real*.

Mantén tu atención y tu conciencia en la increíble sensación de que hay algo inexplicable dentro de ti que solo quiere que existas. Siente esta increíble energía que crea todo lo que eres, coordinando el trillón de células de tu cuerpo para operar en sincronía solo para que tú existas. Siente esta energía. Haz un esfuerzo consciente e imagina que la misma energía que mantiene vivo este Universo (planetas, el sol, galaxias, estrellas, océanos, árboles, cielo, etc.) es la misma energía que te mantiene vivo. Mantén tu atención en esta energía y en la sensación de la misma durante todo el tiempo que puedas.

Practica esta conexión.

Fin de la Meditación.

Hay una increíble y poderosa energía dentro de ti que mantiene todo unido, algo que funciona en perfecta armonía para que tú puedas existir. Hay tantos milagros que ya están ocurriendo en tu interior, esta es la magia dentro de ti.

La ciencia le ha dado un nombre a esta *magia*: el sistema nervioso autónomo. Pero si realmente lo piensas (dejando ese nombre a un lado), hay algo milagroso viviendo dentro de ti. Esta energía siempre está trabajando a tu favor. Esta energía quiere que tu vida exista, prospere y siga adelante. Esta Energía o Inteligencia Divina simplemente hace que todo funcione perfectamente. Es la misma magia que creó las montañas y los océanos. La creación es el único propósito de esta energía mágica. Y al salir de tu propio camino (al no pensar en tu pasado, tu futuro o cualquier circunstancia que te pueda estar haciéndote sentir estrés y ansiedad), estás permitiendo que esta Inteligencia Divina haga lo que mejor sabe hacer: crear magia en tu vida. Enfoca tu atención en ella simplemente siendo consciente de ello. Practica la meditación de la *magia* dentro de ti y empieza a sentir milagros en tu vida.

También puedes usar la meditación de arriba para la curación. Estoy descubriendo cómo aplicar esto en mi vida para curar ciertas partes de mi cuerpo. Estoy verdaderamente convencido de que esta Energía Divina sana, tiene el poder de hacerlo. Es la misma Inteligencia Divina que crea nuevas células en tu cuerpo cuando tienes una pequeña cortada en tu mano o en tu rodilla. Esta Inteligencia Divina es amor puro y poder puro. A esta Energía Divina no le importa si es un pequeño corte de papel o una enfermedad muy agresiva. Esta Inteligencia Divina es ilimitada e infinita; no hace ninguna diferencia para ella. Solo sabe cómo crear y cómo dar vida, y solo quiere que vivas. Cuando estás verdaderamente conectado, cuando te sales de tu propio camino, esta Energía Divina toma el control y devuelve a tu cuerpo a su estado natural de ser: salud perfecta.

Lo que acabas de leer en el párrafo anterior es cierto. Hay muchas personas en este mundo que están experimentando curaciones milagrosas en sus vidas. Así que, ¿por qué no estar abierto a que esto te suceda, sea lo que sea que estés pasando? Simplemente cierra los ojos e imagina que esta Energía Divina, esta magia, está haciendo lo que mejor sabe hacer y siéntela dentro de tu cuerpo. Se consciente de la magia dentro de ti y, una vez que estés allí, llama para ti mismo sentimientos de amor, salud, paz y armonía. Agradece que no entiendas realmente cómo funciona esta energía (no tienes que entender cómo funciona); simplemente agradece que sepas que funciona y que está ahí. Deja de lado cualquier necesidad de controlar la situación. Deja de lado cualquier juicio. Deja de lado cualquier miedo. Deja de intentar razonar con tus creencias limitantes de por qué esto funcionaría o no para ti. Solo siente cómo todo dentro de ti funciona perfectamente.

Cuando haces esto, ahora estás causando un efecto dentro de ti. Estás siendo un creador de vida, no una víctima del destino. Haz esto y atraerás más experiencias maravillosas de salud, abundancia, armonia armonía, amor y paz. Honra este mágico estado de ser, una y otra vez, todos los días. Tómate diez minutos por la mañana y diez minutos por la noche; puedes hacerlo incluso mientras viajas en tren o mientras te duchas. Si realmente lo intentas, verás cambios en tu energía y en tu vida. Sé que yo lo hice. No puedes cambiar tu vida a menos que cambies tu energía. Solo sigue practicando tu conexión con esta magia interior y observa cómo todo a tu alrededor empiezaa cambiar. Empieza a ver cómo la magia de tu interior empieza a crear magia en tu exterior.

La Magia de Estar Conectado a la Fuente

Estar conectado a esta Energía Divina es la única manera de crear y experimentar la magia en tu vida. Cuando estás conectado, te sientes en paz; te sientes en casa. Estar conectado a esta Fuente de Energía es lo natural, pero no es normal en estos días. La gente elige vivir en *modo de supervivencia*. La buena noticia es que, en diferentes momentos de tu vida, ya has estado conectado a esta Fuerza Energética, simplemente no lo sabías.

Cuando estás en *modo creativo*, estás conectado a la Inteligencia Divina. Cuando estás inspirado, estás conectado a la Inteligencia Divina. Esto es de lo que realmente quiero hablar: estar inspirado.

Hay tanto poder detrás de estar inspirado. Estar inspirado significa estar en el *espíritu*, significa estar en un lugar de creación. Cuando estás en el espíritu, estás en tu estado natural de ser, eres un creador. Tomemos un músico. ¿Has notado que cuando un músico está tocando su instrumento, cuando toca ese genial solo, sus ojos están cerrados? Parece que está en otro lugar. A nosotros, los espectadores, nos parece que está *brillando*; a nosotros nos parece hermoso y poderoso. Esto es porque está inspirado; está en el *espíritu*. Algo más grande que todos nosotros se ha apoderado de ese artista. Él o ella no está en este Universo Físico; está completamente conectado o conectada a la Fuente. Cuando alguien está haciendo algo que realmente ama, está inspirado; y cuando está inspirado, está conectado a la Fuente.

Lo mismo ocurre con cualquier atleta de ahí fuera. Cuando los atletas están en medio de cualquier juego, no son ellos mismos. Algo más grande que tú, yo o ellos ha tomado el control; esta Energía Divina está siendo canalizada ahora. Puedes preguntarle a cualquiera que haya practicado deportes y haya tenido un juego perfecto, cómo fue capaz de lograr un desempeño tan asombroso. La mayoría de las veces, dirán que no saben cómo lo hicieron; simplemente se sintieron imparables y sintieron que no podían fallar, se sintieron «en llamas».

Tengo mucha confianza en decir que has estado en *espíritu* unas cuantas veces a lo largo de tu vida. Seguro que has sentido esta conexión con la Fuente de Energía. Tal vez estabas más en contacto con ella cuando eras un niño, ya que todo lo que tenías que hacer en ese entonces era disfrutar de la vida (aunque esto es lo que se supone que estás haciendo ahora mismo). Por eso, como adulto, es muy importante que sigas jugando, que seas juguetón, que practiques tus pasiones y que sigas haciendo lo que te hace feliz.

Y si no sabes qué es lo que te hace feliz actualmente, estás en una posición perfecta para empezar a descubrir qué es lo que te inspira. ¿Es bailar, cocinar, correr, hacer ejercicio, pintar, tocar música, cantar, escribir, estar en contacto con la naturaleza, leer, hornear, alfarería, senderismo, navegar, montar en bicicleta, nadar, hacer yoga, hacer magia? Cuanto más conectado estés a esta Energía Divina, más rápido crearás y experimentarás milagros en tu vida. Ve a descubrir lo que te mueve y haz más de lo que te inspira. ¡Vive en el espíritu!

La Magia Ocurre en lo Desconocido

Lo desconocido podría representar un lugar muy aterrador para la mayoría de la gente. No saber lo que podría suceder a continuación es un sentimiento con el que la mayoría de los humanos no están familiarizados e intentan evitar la mayor parte del tiempo. Anteriormente, hablé del miedo a dejarse llevar y de cómo quizás no estés acostumbrado a la idea de vivir tu vida desde un lugar de descubrimiento, en vez de desde un lugar de planificación.

Es muy importante entender un hecho simple: la magia solo ocurre en lo desconocido; los milagros ocurren en lo desconocido. No pueden ocurrir en ningún otro lugar. Por lo tanto, debes aprender a dejar ir esta sensación de control. Debes aprender a vivir desde un lugar donde no haya juicios; un lugar donde el miedo no sea una opción, solo la confianza. Debes aprender a sentirte cómodo sin saber lo que podría pasar mañana o en la próxima hora o en el próximo segundo. Debes aprender a vivir la vida en lo desconocido. Permítanme decir esto una vez más: la magia (los milagros) solo ocurren en lo desconocido.

Imagina ver un truco de magia realmente bueno. ¿Te sorprenderías si supieras desde el principio que la carta que acabas de elegir y volver a barajar iba a aparecer en mi bolsillo trasero? Probablemente no. Si te dijera qué buscar, si te dijera cómo termina el truco antes de mostrártelo, no hay ningún elemento de sorpresa, no hay magia. No puedo crear la experiencia de la magia sin el factor sorpresa. Lo mismo ocurre cuando alguien te cuenta un chiste. Si primero te cuentan el final del chiste, no hay ningún chiste. Lo mismo se aplica a la experiencia de los milagros en tu vida. Sí, existen y como dijo un gran mentor:

«**Aquellos que creen en los milagros, experimentan más de ellos**».
- **James MacNeil**

Si supieras cuándo y cómo un milagro/mágico va a aparecer en tu vida, no se llamaría milagro. No se sentiría como magia, no se llamaría un salto cuántico. Una broma no es divertida sin el elemento de sorpresa. Un truco de magia no es mágico sin el elemento de sorpresa. Un milagro no es un milagro sin el elemento sorpresa. Todos ocurren en lo desconocido.

Recuerda: hay una increíble Fuerza Energética de la que todos formamos parte, que existe fuera y dentro de nosotros. Sabemos que esta Inteligencia Divina está presente en todas partes y que está en todo en este Universo Físico, incluyendo las cosas y experiencias que queremos manifestar en nuestras vidas. Así que, todo lo que tienes que hacer realmente es ser consciente de esta Fuerza Energética y dejar que te sorprenda. Deja que esta Fuente de Energía te muestre la verdadera magia. De la misma manera en que eres un simple observador que disfruta de un truco de magia, estate presente en el ahora y permítete observar y disfrutar de la magia en tu vida; sé el observador de los milagros. Los milagros en tu vida solo ocurrirán en lo desconocido. Simplemente alinea tu intención (lo que quieres) con tu atención (tus pensamientos y sentimientos). Ese es tu único trabajo; la parte del milagro, créeme, no depende de ti.

Empieza a ver a lo desconocido como tu amigo. Es donde viven los milagros. Lo desconocido está muy emocionado de saludarte con milagros, amor y regalos. Lo desconocido está esperando que lo abraces, no que le temas. No puedes experimentar un milagro si no dejas de lado el miedo y la necesidad de control. Lo desconocido es como el perro asustado del que una vez tuviste miedo: una vez que lo acaricias por primera vez, te das cuenta de que es amable y juguetón y se convierte en tu mejor amigo. Aprende a abrazar algo tan maravilloso y lleno de infinitas posibilidades. Lo desconocido es tu amigo. Lo desconocido contiene amor, paz y alegría. Lo desconocido contiene todo lo que quieres experimentar en tu vida.

Vivir en lo Desconocido

Entonces, ¿cómo vives en lo desconocido? Una de las preguntas que podrías hacer es: «¿Cómo puedo vivir en lo desconocido si tengo que ir a trabajar al mismo lugar y ver a la misma gente y hacer lo mismo todos los días, una y otra vez?». Aquí está la respuesta: aunque parezca que vas a los mismos lugares, lo que puede dar la ilusión de que estás haciendo lo mismo, lo que da la ilusión de que estás viendo a las mismas personas, etc., *nada es siempre igual.*

Nada en esta vida puede ser igual. La energía está siempre en constante cambio y en constante expansión. Seamos conscientes de ello o no, la energía nunca es estática; siempre está en movimiento. Somos energía, nuestros pensamientos son energía, la naturaleza es energía y las cosas son energía. La única forma en que algo puede parecer igual a tu alrededor es porque has elegido crear la ilusión de que las cosas parecen ser así. Tu programa subconsciente está tratando de hacer que tu entorno se sienta repetitivo para que te sientas cómodo en él. Recuerda, nada es o permanece igual. Todo es siempre nuevo. Si eres capaz de tirar constantemente de ti mismo hacia el momento presente, el eterno ahora, todo es una nueva experiencia. Todo se experimenta por primera vez cuando vives en el momento presente.

En el capítulo 4, Maravilla infantil, hablé de vivir en la maravilla infantil. Hablé de cómo vivir cada momento como si nunca lo hubieras experimentado antes, porque en realidad, no lo has hecho. *Vivir en lo desconocido* significa entender que no sabes a dónde puede llevarte una conversación o a dónde puede llevarte cualquier experiencia. Cuanto más comiences a conectarte con la energía del ahora, más dejas ir el resultado que has programado y dejas que tu cuerpo experimente y cuanto más dejas ir tus miedos, más comienzas a ver que nada es lo mismo. Empiezas a ver cómo esta Energía Divina se comunica contigo todo el tiempo. Está creando y desplegando sus sueños y deseos justo frente a tus ojos.

Si no te dejas llevar por lo desconocido, no podrás ver los *mensajes*. Las respuestas que buscas pueden estar literalmente delante de ti, gritándote, y si no estás listo para verlas y si solo te preocupas por lo que podría ser (el miedo) o si no eres consciente de esta Fuerza Energética, que solo quiere lo mejor para ti, las respuestas que buscas pasarán de largo, no podrás verlas.

Si practicas la vida en el ahora, entiendes que no sabes lo que podría pasar en los próximos diez segundos y los siguientes diez y los siguientes diez... Debería haber un sentimiento de excitación y anticipación corriendo dentro de ti. Deberías empezar a construir el hábito de sentir sorpresa y preguntarte por lo que podría pasar en tu vida. Esto llevará tiempo y práctica, pero debes trabajar en recordarte a ti mismo, una y otra vez, que realmente no sabes lo que podría suceder en segundos y este es un gran estado de ser para vivir.

Debes crear el *espacio* para que las sorpresas lleguen a tu vida. Si vives una vida en la que el 95 % de ella está llena de miedos, estrés, ansiedad, horarios, planes, correr de un lugar a otro, ira, control, etc., entonces, no hay lugar para sorpresas, milagros, paz, felicidad, amor y magia. Podrías haber llenado exitosamente tu vida con cosas que no quieres. Pero nunca es demasiado tarde. Siempre puedes empezar a hacer espacio para las cosas que realmente deseas experimentar y traerlas a tu vida. Simplemente pon tu conciencia (tu energía) en la confianza de que todo está siempre funcionando para ti. Pon tu atención en el concepto de milagros, felicidad, confianza, amor y paz interior. Crea el espacio dentro de ti para que lo desconocido entre en tu vida y deja que haga lo que mejor sabe hacer: magia real.

Aquí hay un ejemplo de cómo es probable que ya sepas cómo vivir en lo desconocido, pero simplemente olvidaste cómo hacerlo constantemente: ¿recuerdas haber sido un niño en la mañana de Navidad? ¿Recuerdas lo emocionante que era levantarse temprano en la mañana y correr por las escaleras para encontrar un montón de regalos bajo el árbol? Apuesto a que no pudiste dormir la noche anterior. Fue realmente un momento mágico. Estabas tan emocionado por abrir esos regalos porque, aunque no sabías lo que eran (lo desconocido), sabías con seguridad que iba a haber regalos bajo el árbol.

De ahora en adelante, cuando te despiertes cada mañana, simplemente piensa: «¡Hoy es Navidad!». Siente la emoción y la anticipación. Siente la emoción de vivir todas las nuevas experiencias que estás a punto de vivir en este nuevo día (abriendo los regalos bajo el árbol). Vive con la alegría de descubrir las sorpresas inesperadas que encontrarás en cada turno y cada segundo del día. Espera sorpresas y milagros en tu día. No necesitas saber qué son o cómo los vas a conseguir, simplemente esperas que estén ahí y sales a descubrirlos.

Debes dejar de lado tu necesidad de control. Es solo miedo a no saber lo que te espera. No saber está bien. Vivir en lo desconocido abrirá infinitas posibilidades en tu vida. No tengas miedo. Todo está bien. No tienes que saber cómo vas a conseguir el dinero extra que necesitas. No necesitas saber cómo se supone que vas a superar algo que te causa dolor emocional, te molesta o te hace sentir ansioso y estresado. Confía en que la magia sucederá. Confía en que los milagros están llegando. Confía en que las respuestas aparecerán. Confía en lo desconocido. Dejar espacio para lo que no sabes, traerá las respuestas, las sorpresas y los regalos. Recuerda que todo siempre está a tu favor.

Todos estos conceptos son tan bellos y es aquí donde empiezas tu a crear Magia en tu Vida. Cuando empiezas a entender por qué sí puedes cambiar, por qué el Universo está a tu favor, empiezas a cambiar tu vida. Para ayudarte en este hermoso camino que ya estás empezando te invito a mi curso en línea para que puedas crear los hábitos de la felicidad, el amor, la paz y la abundancia. Si te gustaría saber más de este curso llamado «Creando Milagros», por favor, dirígete a *lamagiadelamente.wixsite.com/ebook*

Capítulo 9
El Hábito de la Magia

La Magia de tus Pensamientos

Puede que aún no te hayas dado cuenta de esto, pero los pensamientos son una de las formas más poderosas de manifestación que hay. Antes de que un pensamiento llegue a ti, no hay nada. Pon tu conciencia en el hecho de que antes de que cualquier pensamiento aparezca en tu mente, *este pensamiento no existía*; no estaba allí antes. Por lo tanto, podemos decir que, de la nada, creaste algo —manifestación pura—. Solo poniendo tu atención y dándote cuenta de lo que acabas de pensar, te haces más consciente del poder que tienes para crear cualquier cosa en tu vida. Tú eres un ser creador.

A lo largo de este libro, he mencionado que los pensamientos se convierten en cosas. Si tomas un cierto pensamiento y lo repites una y otra vez, este pensamiento se convierte en una creencia. Eventualmente, una creencia se convierte en tu personalidad y tu personalidad se convierte en tu realidad personal. Por lo tanto, si tu realidad personal no se parece a lo que quieres que se parezca, tiene que ver con el hecho de que no estás prestando mucha atención a los pensamientos que sigues produciendo y repitiendo en tu mente.

Toda la creación comienza con un pensamiento. Todo en este Universo Físico vino por primera vez a este mundo en forma de un pensamiento que existía en el Universo Espiritual, desde lo no físico a lo físico, desde lo invisible a lo visible, todo comenzó como un pensamiento. Todo, desde el objeto más pequeño hasta los grandes inventos de nuestros días modernos, comenzó como un pensamiento en la imaginación de alguien. Entonces, ¿qué pensamientos se repiten en tu cabeza? Los pensamientos se convierten en cosas.

En su libro, *Becoming Supernatural*, el Dr. Joe Dispenza menciona algo absolutamente increíble: «**Tu cuerpo no puede diferenciar entre una experiencia que ocurre fuera de ti (en el mundo real) y una experiencia creada solo con el pensamiento (algo que imaginas)**».

Esto es increíblemente asombroso y fascinante. Esto significa que si piensas en lo que quieres o en lo que no quieres, tu cuerpo y cada una de las células dentro de ti cree que la experiencia está ocurriendo ahora mismo. Esto muestra lo poderoso que es pensar en lo que quieres o tener algún pensamiento sobre la felicidad, el amor, la alegría, la emoción, la aventura, la abundancia, la prosperidad, etc. Por el contrario, esto también muestra lo peligroso que es tener cualquier pensamiento con respecto a lo que no quieres experimentar o cualquier pensamiento con respecto a la duda, la enfermedad, el estrés, la ansiedad, los accidentes, los viejos recuerdos con cualquier dolor emocional, las rupturas de relaciones, ser despedido, preocuparte, etc.

Cuando piensas en un escenario negativo o en un recuerdo negativo del pasado, tu cuerpo producirá las correspondientes toxinas químicas y reacciones como si la experiencia estuviera ocurriendo ahora mismo. Estás imprimiendo en tus células miedo, estrés, ansiedad y rabia. Estás enseñando a tu cuerpo a recordar estas emociones, a hacer un hábito de ellas; estás haciendo estas emociones parte de tu naturaleza. Así es como el cuerpo se enferma y las células dejan de comunicarse entre sí. Así es también como el cuerpo puede tener un ataque de pánico sin ti.

Tienes que dejar de ensayar mentalmente, de volver a jugar o de pensar en los peores escenarios. Tu cuerpo no puede distinguir la diferencia entre una experiencia real y una experiencia creada solo con el pensamiento. Tu cuerpo no puede decir la diferencia entre el pasado y el futuro.

Al contrario, si puedes cerrar los ojos y ensayar mentalmente cualquier escenario que realmente quieras experimentar —la mejor versión de ti, alguien que solo es amor puro, pacífico, poderoso, ilimitado, alegre, creativo, feliz, todopoderoso, saludable, rico, etc.— tu cuerpo cree que es esta persona ahora mismo. Si imaginas una versión de ti mismo que está viviendo en la casa perfecta, con la pareja perfecta, con la carrera perfecta y la vida perfecta, etc., si inviertes tu energía y tus sentimientos en la elaboración de este pensamiento, tu cuerpo cree verdaderamente que está sucediendo en este momento. Tu cuerpo empezará a ser ese nuevo yo, ahora mismo. Tu cuerpo incluso empieza a ser ese nuevo yo sin ti. Y después de hacer esto por un largo período de tiempo, después de hacer el hábito de tu nuevo yo, la experiencia te encontrará. Ahora, esto es magia real. Así es como empiezas a llevar tu vida perfecta al presente ahora. Así es como decides ser quien realmente quieres ser ahora mismo, solo imagínalo y ensaya mentalmente, una y otra vez.

Estoy convencido de que sabes que lo que he dicho antes es verdad. Estoy seguro de que has tenido sueños que parecían tan reales que se sentían como si estuvieras allí. Estoy seguro de que has soñado despierto, o imaginado cosas como conseguir un trabajo u obtener esa entrevista o has imaginado conseguir ese primer beso o cualquier otro escenario y has empezado a producir sentimientos y emociones (sin saberlo) que te emocionaron mucho, como si la experiencia ya hubiera ocurrido.

Tus pensamientos son tan poderosos que puedes usarlos para crear lo que deseas, enseñando a tu cuerpo los sentimientos y emociones de esa experiencia. Lo interesante aquí es que esto se aplica tanto a las experiencias positivas como a las negativas. Así que, si eres capaz de enfocar tu mente en crear los pensamientos y los sentimientos relacionados con las experiencias que te gustaría manifestar en tu mundo físico y si eres capaz de mantener estos pensamientos y sentimientos el tiempo suficiente, tu realidad cambiará, tiene que hacerlo. Ahora estás alcanzando un nivel de conciencia más alto y tu realidad tiene que cambiar basada en este nuevo nivel de conciencia. Deja de ser el viejo tú y te conviertes en el nuevo tú.

Si creas una nueva vida y tu cuerpo empieza a ser ya esa nueva vida, entonces tu antiguo yo desaparecerá; no puedes ser dos personas diferentes al mismo tiempo. Y como ahora tu cuerpo cree que las experiencias que has estado ensayando mentalmente ya han sucedido, como por arte de magia, tu *nueva vida soñada se convertirá* en tu nueva realidad personal. Tu mundo exterior cambiará y la experiencia que imaginaste por primera vez te encontrará. Así es, lo que desees te encontrará. Este es el poder de usar tu imaginación. Por eso es tan importante meditar, para enfocar tus pensamientos. Por eso es tan importante cerrar los ojos y ensayar mentalmente la mejor versión de ti. Por eso es tan importante ser siempre consciente del tipo de pensamientos que cruzan tu mente.

Solo hay dos cosas que suceden en nuestras mentes en todo momento: o bien estamos siendo definidos por un pensamiento limitado de nuestro pasado (miedos, ansiedad, estrés o ira) o estamos siendo definidos por una poderosa visión del futuro (felicidad, amor, paz y alegría).

Sé un constante vigilante de tus pensamientos. Crea esta conciencia. Usa tus pensamientos como una herramienta para crear y experimentar milagros en tu vida. No dejes que ningún pensamiento que no esté alineado con tu vida de ensueño corra por tu mente. Sé un constante vigilante de cualquier pensamiento que pongas en tu mente. Una vez que construyas una versión perfecta de ti o una vida perfecta o un deseo que realmente quieras manifestar, no dejes que nada ni nadie te desvíe de vivir como si este pensamiento ya hubiera ocurrido. Recuerda que habrá personas que tratarán de persuadirte de que lo que estás haciendo no tiene sentido y que debes dejar de soñar despierto y una de esas personas que tratarán de convencerte de que lo dejes, probablemente serás tú mismo. Usa tus pensamientos para la magia.

La Magia de los Sentimientos

Al principio del libro, hablé de cómo sentía que algo faltaba en mi proceso de comprensión de la Ley de Atracción. Sentí que tenía que haber algo más que un pensamiento positivo. Bueno, los sentimientos eran lo que no entendía y los sentimientos son el elemento más importante de la manifestación. Antes de entrar en cómo usar los sentimientos para la manifestación, entendamos qué son los sentimientos y de dónde vienen.

Recuerdo estar en mi primer año de universidad. Estaba pasando por una dura ruptura. Mi mamá me decía que me sentía triste porque seguía creando pensamientos que me recordaban la ruptura y, luego, esos pensamientos creaban sentimientos de tristeza y ansiedad. Me señaló que me estaba concentrando en pensamientos de separación y miedo, por lo tanto, estaba creando sentimientos de infelicidad.

Estaba muy disgustado por el hecho de que ella no era capaz de entender que lo que yo sentía era diferente de lo que pensaba. Poco sabía *yo, mamá tenía razón.*

¿Pero cómo es posible? No tenía sentido que lo que sentía tuviera que ver con lo que pensaba. No pude entenderlo en ese momento, pero ella tenía razón: los sentimientos vienen de los pensamientos. Cuando tienes un cierto pensamiento, ese pensamiento causa una cierta sensación en tu cuerpo, una sensación relacionada con el pensamiento que acabas de tener. Ese cierto sentimiento en tu cuerpo causa otro pensamiento, que producirá otro sentimiento similar al anterior y ahora estás atrapado en este eterno bache de pensamiento y sentimiento. Nunca termina a menos que salgas de él y decidas transformar esa energía.

Otra palabra para los sentimientos son las emociones. Una emoción es energía en movimiento. Eso es lo que son los sentimientos. Los sentimientos son energía que se mueve dentro de tu cuerpo. Y según Einstein: «**La energía nunca puede ser creada o destruida; solo puede ser transformada**». Por lo tanto, si alguna vez sientes tristeza, ira, odio, ansiedad, depresión o miedo, no puedes simplemente deshacerte de esos sentimientos y reemplazarlos por felicidad, paz, amor o alegría. Tienes que transformar esa energía. Tienes que subir la escalera de las emociones hasta llegar a la felicidad. Y esa transformación está a solo una decisión de distancia.

Aquí hay un ejemplo de esta escalera de emociones. Si sientes algún tipo de depresión, debes tomarla y transformarla en tristeza. Entonces debes tomar la tristeza y transformarla en una sensación *de neutralidad.* Entonces debes tomar la *sensación de neutralidad* y transformarla en una sensación de normalidad. De sentirte bien, debes transformar esa energía en sentirte mejor, de mejor a paz, de paz a alegría, de alegría a felicidad, de felicidad a estar enamorado de la vida y así sucesivamente... Cambiar cómo te sientes es un proceso de transformación. Los sentimientos son energía en movimiento. No puedes deshacerte de un sentimiento y reemplazarlo por otro. Debes transformar esa energía.

Este pensamiento que sigue es probablemente uno de los más grandes abridores de ojos de toda mi experiencia de vida: los sentimientos son el lenguaje del Universo, los sentimientos son el lenguaje para manifestar lo que deseas. Los sentimientos son el lenguaje del Campo Cuántico. Los sentimientos son el lenguaje del Universo. Imagina que no eres capaz de pedir lo que deseas usando palabras o pensamientos (porque incluso cuando estás pensando, la vocecita que está dentro de ti es la que compone ese pensamiento en tu cabeza). Esta es la clave de la manifestación: Usa tus sentimientos para pedir lo que quieres. El Universo responde a lo que eres. Y si eres feliz (sintiéndote feliz), te traerá más felicidad. Si eres abundante (sintiéndote abundante), te traerá más abundancia. Si estás sano (sintiéndote sano), te traerá más salud, etc.

Probablemente por eso, la mayoría de las veces, no consigues lo que realmente deseas. Dices que quieres que ocurra una cierta cosa o evento en tu vida, pero realmente sientes la falta de ello. Sientes que no tienes lo que deseas o sueñas en este momento. Sientes lo contrario de lo que este deseo te hará sentir.

La Energía del Universo no entiende las palabras, solo entiende la energía, tus sentimientos, tus emociones. Por eso debes sentir y actuar como si lo que deseas ya estuviera presente en tu realidad. ¿Alguna vez has conseguido ese trabajo donde obtuviste esa entrevista? ¿Has conseguido ese primer beso con el que soñaste una y otra vez? ¿Adivina qué? Lo sentiste antes de que ocurriera. No solo ensayaste mentalmente conseguir ese trabajo o ese primer beso, sino que sentiste los sentimientos como si esa experiencia ya hubiera sucedido y, adivina qué, sucedió.

Los sentimientos son el secreto de todo este asunto de la manifestación. A ti y a mí nunca nos enseñaron a comunicarnos a través de los sentimientos; si acaso, nos dijeron que los escondiéramos. La sociedad ha creado creencias limitantes sobre cómo deben comportarse los niños y las niñas. Pero cuando se trata de tus sueños y tus deseos, debes tirar esto por la ventana. Estas creencias limitantes fueron creadas por una mente limitada; no te sirven. Debes aprender a comunicarte con la Fuente de Energía a través de tus sentimientos. Aprende a hablar de sentimientos.

Hay una cosa más a la que me gustaría que prestaras atención. No deseas realmente lo que crees que deseas. Déjame explicarte esto un poco más. Lo que realmente buscas, lo que realmente deseas, son los sentimientos que experimentarías después de conseguir lo que deseas. No quieres ganar la lotería, quieres sentir la libertad. Siéntete libre y experimentarás más libertad. No quieres superar una adicción, quieres sentirte saludable. Siéntete saludable, y experimentarás más salud en tu vida. No quieres un novio o una novia; quieres sentir amor. Siente amor por ti mismo y el amor entrará en tu vida, etc.

Al preguntar y comunicarte con el Universo, hazlo a través de los sentimientos. Comprende que lo que realmente quieres es sentir felicidad, amor, paz, alegría, abundancia, libertad, salud, riqueza, etc. Deja que el Universo te dé el mejor resultado de lo que buscas. Despréndete del resultado y recibirás milagros. Deja el «cómo» a la Inteligencia Divina y aprende a hablar de sentimientos.

La Magia de Cerrar los Ojos

Hay algo increíble que sucede cuando cierras los ojos. Hay magia que ocurre cuando entras en el Mundo Invisible. Al principio, puede que no te guste cerrar los ojos porque puede que no estés acostumbrado a hacerlo. Puede que hayas creado el hábito de no ser capaz de cerrar los ojos y enfocar tu voz interior en la conversación adecuada durante más de cinco minutos. Pero cuanto más practiques, mejor lo harás; lo convertirás en un hábito. Cerrar los ojos es una de las herramientas más poderosas que tienes para reconectar con la Energía Divina. Puedo prometerte que una vez que empieces a mejorar en ello, cerrar los ojos será tu camino hacia un lugar feliz.

Cuando empecé a cerrar los ojos, al principio, no sabía realmente qué hacer. Realmente no sabía qué pensar. Esta es una de las muchas cosas que puedes hacer al cerrar los ojos. Eventualmente, comenzarás a encontrar tu propio camino, pero, al principio, está bien buscar inspiración sobre qué hacer.

Esta es una meditación en tres partes. Tomará tiempo para terminar todo el camino, pero vale la pena. Debes permitirte unos 20-35 minutos para atravesar todo el camino. Al principio, puede parecer difícil de superar, pero, como con todo, cuanto más lo hagas, mejor lo lograrás. Estos ejercicios están pensados para ayudarte a crear el hábito de vivir en tu estado natural de ser: felicidad, amor, paz y alegría.

Parte 1

Empieza cerrando los ojos. Fíjate hacia dónde va tu atención. Cuando tu atención decida escapar a cualquier pensamiento (positivo o negativo), tráela de vuelta a este momento presente diciendo: «Estoy aquí; estoy ahora». En el momento en que tu mente comience a vagar, toma conciencia de lo que está sucediendo y trae tu atención de vuelta a este momento presente. Dondequiera que estén, devuelve tus pensamientos a la pantalla negra detrás de tus ojos.

Empieza a practicar esto durante unos cinco minutos. Al principio, esto va a ser muy difícil. Puede que tengas que volver a poner tu atención en el momento presente cada cinco segundos; esto es normal. Recuerda que tu atención es como un perrito que quiere ir a todas partes, jugar con todo y hacer cualquier cosa, pero tienes que entrenarlo para que se quede quieto. Solo cuando reconozcas que tu atención está perdida podrás empezar a ganar control sobre ella.

Durante los próximos cinco o diez minutos, cada vez que tu atención se vaya a otro lugar que no sea el *momento presente*, tienes que traerla de vuelta al *ahora*. Te prometo que mejorarás en esto. Así es como recuperas la habilidad de instruirte a ti mismo sobre qué pensar y qué sentir, sin importar lo que pueda estar pasando en tu entorno exterior. Así es como empiezas a crear *el hábito de la magia*. Después de practicar esto durante unos días, puedes pasar a la segunda parte.

Parte 2

Después de la primera parte, continúa manteniendo los ojos cerrados; estás a punto de tener una conversación honesta contigo mismo. No te preocupes, nadie está escuchando y no hay juicios.

Esto es entre tú y solo tú. Recuerda que debes ser honesto contigo mismo. Trae a tu conciencia a las creencias limitantes o emociones negativas que constantemente piensas que tienes. Puede que quieras pensar en estas emociones negativas primero antes de cerrar los ojos. Puede que quieras coger un trozo de papel y escribir al menos cinco pensamientos o emociones negativas que sigas diciéndote a ti mismo. Memorízalos para que puedas saber en qué pensar una vez que cierres los ojos.

¿Qué emoción negativa sientes la mayor parte del tiempo? ¿Es miedo, ira, odio, ansiedad, estrés, soledad, tristeza? Está bien si eliges más de una. Este ejercicio tiene como objetivo reconocer esos sentimientos para poder hacer algo al respecto. Una buena cosa que hacer es concentrarse en uno o dos por semana. Trabaja en uno durante un tiempo y cuando empieces a sentirte mejor (y lo harás), puedes pasar al siguiente.

Entonces, hablemos del miedo, por ejemplo. El miedo puede estar presente de muchas maneras en tu vida; tal vez sientas que quieres controlar las cosas en tu vida porque tienes miedo a lo desconocido. Tal vez el miedo llega a tu vida en forma de falta y escasez: puedes sentir que no hay suficiente dinero, tiempo o energía en el día. El miedo puede estar presente en tu vida cuando te sientes indigno o puedes sentir que puede haber algo malo en ti (lo cual no es cierto, puedo prometerte que eres perfecto).

Normalmente, las emociones negativas están todas vinculadas entre sí. Así que no te preocupes; solo elige una y trabaja en ella. Por ejemplo, el miedo puede llevar a la ira y la ira a la ansiedad, el estrés, el odio, etc. El miedo es una de las mayores emociones negativas que las conecta todas. El miedo puede ser un buen lugar para empezar. Una vez que elijas las emociones negativas en las que vas a trabajar, puedes pasar a la segunda parte del ejercicio.

Imagínate *empujando* estas emociones negativas fuera de ti. Imagina que estás literalmente empujando una gigantesca bola negra de energía (la emoción negativa) que viene de dentro. Una vez que esta bola de energía negra exista fuera de ti, arrójala tan fuerte y lejos como puedas. Mientras la estás tirando, puedes decir algo como: «Este sentimiento de *miedo* (por ejemplo) ya no me sirve. Ya no necesito esto en mi vida. Lo dejo ir». Ve al siguiente sentimiento y haz lo mismo.

Cuando termines con los dos o cinco sentimientos en los que estás trabajando, imagina que los colocas dentro de una caja. Una vez que existan dentro de esta caja, imagina que pones un candado en esta caja. Ahora vas a imaginar que entregas esta caja a la Energía Divina, una energía que no tiene límites y que puede hacerlo todo. Pídele a esta Energía Divina que tome estas emociones negativas y las transforme en algo hermoso. Pídele a esta Inteligencia Divina que te devuelva esta energía cuando esté lista y sea pura porque, recuerda, los sentimientos negativos también son energía. Pídele a esta Inteligencia Divina que transforme esta energía negativa en algo hermoso y confía en que la recuperarás en forma de Fuerza de Amor Puro. Por último, imagina que ves esta caja desapareciendo en la oscuridad de la nada, permítete sentir que estos sentimientos ya no están dentro de ti.

Ahora podemos pasar a la tercera parte.

Parte 3

Después de terminar la segunda parte de esta meditación, ahora eres una pizarra limpia, un lienzo vacío. Acabas de deshacerte de los sentimientos y emociones que ya no te sirven. Ahora comienza la parte divertida.

Imagina la mejor versión de ti mismo. ¿Cómo es esa versión? ¿Cuáles son los sentimientos relacionados con ella? También es una buena idea escribir todas las cualidades que sabes que posee esta mejor versión de ti mismo. Esta vez, escribe todo lo que puedas. ¿Quién es esta increíble persona? Puedes escribir cosas como: «Soy amor, estoy agradecido, soy hermoso, soy grande, soy abundante, soy poderoso, soy sano, soy rico, soy valiente, soy creativo, soy ilimitado, soy libre, soy increíble, soy un genio, todo me sale bien, estoy enamorado de la vida» y así sucesivamente. Escribe todo lo que quieras. Crea esta versión perfecta de ti que vives la vida que estás destinado a vivir.

Una vez que tengas una visión clara de lo mejor de ti, vas a enfocar tu conciencia en tu corazón. Tu corazón es el mayor centro de energía de todo tu cuerpo y es la fuente de tu energía creativa. Una vez que tengas un enfoque claro en tu corazón, vas a imaginar una gran fuente de luz y calor que viene del interior de tu pecho; siente esta energía dentro de ti. Siente cómo se hace más y más grande, más y más brillante, más y más fuerte. Es muy importante sentirla. Usa tu conciencia y tu imaginación. Abre tu conciencia. Abre tu corazón.

La siguiente es la parte más importante de toda esta meditación. Empieza a sentir cómo se siente el amor. Empieza a entrenar a las células de tu cuerpo para que simplemente sientan el amor. Realmente entra a sentir la emoción del amor. Concéntrate. Concéntrate. Dale tiempo. Inténtalo de nuevo. Y otra vez. Y otra vez. Haz esto por un par de minutos. Luego, pasa a la siguiente sensación de tu lista. Pasa un par de minutos en esta nueva sensación y, después, pasa a la siguiente. Vas a hacer esto con, al menos, cinco o diez de las emociones que escribiste en tu lista. Esta es la parte más importante de toda la meditación. Es una buena idea darse unos 20-25 minutos para esta sección. Esta parte es la más importante de todas. Estás creando nuevos hábitos, estás reconociendo quién eres realmente.

Así es como empiezas a vivir tu vida de ensueño, siendo esta persona hoy, en tus meditaciones. Si entrenas tu cuerpo para sentir las emociones de tu futuro, empezarás a vivir tu futuro hoy. Así es como se crea un hábito. Así es como vives tu vida soñada hoy. Eventualmente, todo lo que te rodea se transformará en tu vida de ensueño. Se verá como magia. Parecerá que todo en tu vida comienza a cambiar de repente. Experimentarás momentos de casualidad; experimentarás felices coincidencias. Los milagros se encontrarán contigo. No puedes ser dos personas diferentes a la vez, eventualmente, serás esa versión poderosa que estás imaginando. Empezarás a vivir la vida desde esa mejor versión de ti. Y todo empezó con un pensamiento y un sentimiento. Esto es magia real.

La Magia de Ser Tú Mismo

Hay mucha magia dentro de ti. Entiendo si tienes algunas dudas sobre tu habilidad innata para crear y experimentar lo que deseas en esta vida. Yo también tuve las mías. Al principio, no podía entender este concepto de ser capaz de crear milagros en mi vida, este concepto de ser un creador. Siempre había pensado que la vida es algo que solo le pasa a la gente. Ahora veo la vida como el regalo de crear cualquier cosa que decida; yo tengo el control. Espero que, con lo que has estado leyendo en este libro, hayas sido capaz de ayudarte a entender que tu diálogo interno, tu identidad y tus creencias, lo creas o no, son solo hábitos que has creado a lo largo de los años. Estos hábitos están dirigiendo tu vida sin que te des cuenta. Y puedes cambiar todo esto para servirte mejor. Puedes elegir crear otros hábitos, hábitos mágicos.

Al principio, mientras empiezas a practicar todo el material que encuentras en este libro, tu viejo yo, tus miedos, tus viejos malos hábitos, tu ego, tratarán de convencerte de que lo que estás haciendo ahora es una pérdida de tiempo. Intentarán convencerte de que es difícil y que quizás no deberías hacerlo, que quizás no vale la pena. Ya estás viviendo una vida normal, así que ¿por qué molestarse?

Estos malos hábitos serán más difíciles de superar al principio, ya que ahora los estás eliminando. Estás rompiendo la adicción que has tenido durante años de sentirte de cierta manera. En este caso, esta es la tormenta antes de la calma. Por primera vez, en mucho tiempo, estás eligiendo tener pensamientos puros y amorosos hacia ti mismo. Así, estos hábitos del ego del pasado crearán ruido para tratar de distraerte de superarlos. Tratarán de hacerte sentir más miedo, más ansiedad, más estrés y más tristeza. Y cuando esto ocurra, debes volver a cerrar los ojos y recordar la mejor versión de ti que estás siendo ahora y sobre la que estás construyendo.

Recuerda que las palabras «Yo soy...». Son las más poderosas que puedes decir o pensar. Así que tómate un momento, respira profundamente y vuelve a centrarte. «Soy ilimitado. Soy el amor. Soy la abundancia. Soy la libertad. Soy poderoso. Soy feliz. Soy imparable...».

A lo largo de nuestras vidas, tenemos padres y maestros y esperamos tener también mentores, gente que nos enseñe lo que saben sobre la vida. Intentan darnos a ti y a mí las mejores herramientas para el éxito que *conocen*, pero todo esto se basa en su comprensión y conocimiento del mundo. Quizás algo nuevo, que nadie te ha dicho nunca, es que después de unos años, después de que te gradúes en el colegio o en la universidad alrededor de los 20 años, después de convertirte en un adulto, vas a tener que convertirte en tu propio profesor, tu propio padre. Nadie te dijo nunca que después de dejar la casa de tus padres, ibas a tener que convertirte en ellos.

Nadie te dijo que tendrías que obligarte a comer las verduras que no te gustan. Tendrías necesidad de leer los libros que te da pereza leer. Tendrías que hacer ejercicio cuando no quieras. Tendrías la necesidad de aprender los hábitos para lograr la paz interior, la felicidad y la alegría. Tendrías que aprender a elegir los pensamientos correctos, los sentimientos correctos y las acciones correctas. Nadie te dijo nunca que *la verdadera escuela* estaba a punto de comenzar. Nadie te dijo nunca que el trabajo de investigación más grande y difícil que tendrías que *escribir*, es el que responde a las preguntas «¿Quién soy?» y «¿Por qué estoy aquí?».

Mientras aprendes a usar tu atención, tu energía y tu conciencia, por favor, sé paciente contigo mismo. Imagina un pequeño niño mientras aprende a caminar. Al principio, él va a caer muy frecuentemente y constantemente. Y aunque este pequeño niño siga fallando al caminar y se caiga constantemente de espaldas, nunca mirarías su cara de bebé y dirías: «¡Tú, bebé tonto y estúpido! ¿No ves lo fácil que es caminar? ¿No me ves caminando? ¡Solo pon una pierna delante de la otra sin caerte! ¡Vamos!».

Nunca dirías estas palabras. Ni siquiera sientes estas emociones en absoluto. Cuando ves a un bebé aprendiendo a caminar, por el contrario, eres muy cuidadoso, cariñoso, paciente y comprensivo. Estás emocionado por cómo esta pequeña criatura está dando un paso monumental en su vida.

Me encantaría que te imaginaras que eres este pequeño bebé aprendiendo a caminar. Ahora estás aprendiendo a usar tu energía de una manera que nunca antes habías usado. Estás desarrollando estos nuevos músculos. Sé tan cariñoso, paciente, cuidadoso y comprensivo como lo serías con un bebé que está aprendiendo a caminar. Sí, habrá muchas veces en las que te caigas de espaldas, pero eso nosignifica que no aprendas a *caminar correctamente*. *Caminarás* y, un día, *correrás*.

¿Eres un buen padre para ti mismo? ¿Eres un buen maestro para ti mismo? ¿Eres un buen mentor para ti mismo? ¿Eres paciente, cariñoso y cuidadoso contigo mismo?

Capítulo 10
Magia de Verdad

Revelando la Magia

«La paz no se puede mantener por la fuerza; solo se puede lograr mediante la comprensión».
- Albert Einstein

Hay un dicho en la magia que dice que un mago nunca revela sus secretos. Cuando se trata de *juegos de manos*, la habilidad de usar mis manos para crear la ilusión de la magia, no quiero revelar el método que uso para lograr cualquier truco. Si te dijera lo que hice para crear la ilusión de la magia, ya no te sentirías maravillado y asombrado. Le quitaría el don a este pequeño milagro. Le quitaría la sensación de que algo imposible se acaba de hacer posible.

Pero cuando hablo de *La Magia de la Mente*, lo mejor que puedo hacer, es compartir contigo los pasos para que tu puedas crear magia en tu vida. A continuación, voy a revelar los secretos que yo utilizo para crear verdadera magia en mi vida. Espero que este libro te haya proporcionado una guía, una comprensión más profunda de quién eres realmente, de lo que eres capaz y de lo que realmente estás destinado a experimentar en esta forma física. Espero que este libro te haya ayudado a ser consciente de que hay abundancia en este Universo. Espero que realmente sientas que eres digno de vivir y experimentar el amor, la felicidad, la paz y el gozo por la vida —tu estado natural de ser.

Espero que entiendas y te familiarices con la idea de que todo en este Universo Físico es energía. Solo puedes crear un cambio en tu mundo exterior mediante un cambio en tu mundo interior. Puedes empezar a crear cambios poniendo tu conciencia en el poder que vive dentro de ti —la Inteligencia Divina que existe en todas las cosas— y si prestas atención al poder interior, atraerás más de lo mismo.

Este es mi mayor truco de magia y, con todo mi amor, te lo revelo. Esto puede funcionar para ti, puede que no. Esto está destinado a ser una guía para que encuentres tu propio camino. Esto se supone que es una proyección de tu interior decidiendo qué es lo que quieres probar. Escucha tu voz interior. Está diseñada para encontrar tu paz interior. Está diseñada para llevarte a la iluminación. Mira lo siguiente como una guía. Reconozco que no tengo todas las respuestas y todavía estoy jugando con cómo mejorar mi magia. Reconozco que solo sé un pequeño grano de arena en toda la playa. Así que, por supuesto, ve a buscar lo que funciona para ti.

Lo que estás a punto de leer es muy poderoso y, si puedes ver y entender por qué funciona, nada, realmente nada, te impedirá crear magia en tu vida. Esto llevará tiempo para construirlo. Tomará exploración. Requerirá práctica. Requerirá amor y paciencia. Pero mejorarás y, lo más importante, no solo encontrarás lo que funciona para ti y lo que no, sino que te encontrarás a ti mismo. Todavía recuerdo cómo no sabía por dónde empezar. No sabía qué hacer. Me tomó cerca de tres meses ser capaz de sentarme en silencio y encontrar mi camino. Al principio, solo podía sentarme en silencio durante cinco minutos. Después de una semana, podía hacerlo durante 10 minutos, luego 15, y así sucesivamente. Sé paciente, cariñoso, amable y cuidadoso contigo mismo, así como eres paciente, cuidadoso y cariñoso cuando un bebé está aprendiendo a *caminar*. Estás aprendiendo a *caminar de nuevo*.

Una vez que encuentres tu propio camino en todo esto, con el tiempo, cambiarás, evolucionarás. Estás destinado a cambiar, estás destinado a evolucionar. Nada permanece igual. Encontrarás respuestas en forma de ideas, pensarás en nuevas cosas para probar y las ideas vendrán a ti, pruébalas. Descúbrete a ti mismo. Juega con todas las ideas y conceptos que te conectan con tu Fuente de Energía Divina. Esto es lo que vinimos a hacer: jugar.

La Revelación

Aquí está el secreto de todo. Está dividido en dos partes. Ten paciencia contigo mismo mientras practicas todo esto. Llevará algún tiempo llevar esta práctica a donde quieres llegar. Pero te prometo una cosa, encontrarás amor, felicidad, paz, alegría y mucho más.

Parte 1

En una rutina «normal» de la semana laboral, puede que tengas que levantarte como a las 7 a.m. para estar en el trabajo a las 8:45. Digamos que trabajas de 9 a.m. a 6 p.m. Con suerte, estarás de vuelta en casa alrededor de las 7 p. m. Para cuando termines de cocinar y cenar, ya son las 8:30. Para el momento en que estés tranquilamente sentado en tu sofá o en tu cama, ya son las 9 p.m. Es solo hasta esa hora cuando probablemente tengas tiempo de intentar hacer algo para ti mismo. Tienes de 2 a 2 horas y media para hacer algo que te gustaría hacer para ti mismo, antes de ir a la cama. Pero como es el final del día y estás cansado, terminas viendo la televisión o navegando por las redes sociales como un zombi. ¿Y por qué no lo harías? ¡Estás agotado! Ya has dado mucha de tu energía a tu mundo exterior (trabajo y seres queridos). Pero ¿le diste a tu mundo interior (donde el cambio ocurre) algo de ese tiempo, amor y energía?

Estás lleno de sueños y metas que te gustaría alcanzar o experimentar. Hay actividades e ideas que te inspiran y que te gustaría hacer más. Pero para el momento en que eres capaz de llegar a cualquiera de estas actividades, tu cerebro y tu cuerpo están agotados; no queda más jugo. Así que terminas pasando las últimas dos horas y media o tres horas de tu día tirado en el sofá como un globo desinflado. O, al menos, eso es lo que me estaba pasando a mí. Así que aquí es donde se revela el secreto de la primera parte de la magia.

Debes tomar las últimas dos o tres horas de tu día (9-11:45 p.m.) y mover ese tiempo a la mañana. Esto significa literalmente que tienes que tomar esas horas y sacarlas de tu noche y ponerlas en tu mañana. Por ejemplo, si te levantas a las 7:30 a.m. para estar en el trabajo a las 9, ahora debes crear el hábito de levantarte y estar fuera de la cama a las 4:30 a.m. Sé que esto suena loco, sé que suena imposible. Probablemente estás pensando: «¿Cómo te atreves a sugerir que me levante de mi acogedora y suave cama a las 4:30 am?». Bueno, ¿qué tanto quieres que cambien las cosas en tu vida?

Hay mucho más de lo que se ve a simple vista cuando haces esto. Hay dos cosas mágicas increíbles que suceden cuando haces esto:

desde un punto de vista científico, hay dos puntos durante el día en los que tu cerebro es más susceptible de ser reprogramado. Uno es muy temprano en la mañana, de 3:30 a.m. a 5 a. m. y el otro es por la noche antes de que te duermas, justo antes de que te duermas completamente, cuando tu cuerpo está completamente dormido, pero tu mente sigue trabajando. Por eso es tan importante hacer esto temprano en la mañana.

1. La intención es plantar un nuevo programa y un nuevo conjunto de hábitos en tu mente subconsciente. De 3 a 5 a. m., tu mente subconsciente es más susceptible. Está en un estado hipnótico, donde es más fácil cambiar viejos hábitos y crear otros nuevos.

2. Hay algo extremadamente poderoso en empezar el día haciendo algo solo para ti y para nadie más. Esto es extremadamente poderoso. Date el regalo de las tres primeras horas del día, de 4 a 7 de la mañana. Pasa este tiempo enfocando tus pensamientos y sentimientos (meditando) y haciendo algo que te guste, como pintar, bailar, correr, hacer ejercicio o leer, algo que sea solo para ti. Cuando haces esto, estás creando una nueva realidad para ti mismo. Estás vertiendo milagros en tu vida.

No verás esto al principio, pero cuanto más lo hagas, más poderoso será el impulso que creas y, eventualmente, todo a tu alrededor comenzará a cambiar «como por arte de magia». Y la mejor parte es que si te das estas primeras horas del día, ahora puedes estar en paz con salir al mundo y dar tu tiempo a los demás (trabajo, familia y tus obligaciones). Estarás más feliz de hacerlo, porque ya has logrado mucho para ti mismo.

No puedo enfatizar este punto lo suficiente. Así es como los milagros empiezan a ocurrir; aquí es donde empiezan a ocurrir. Al ponerte atención a ti mismo, al darte amor y energía, más de lo mismo llegará a tu vida. Más energía y amor entrarán en tu vida. Por favor, inténtalo. Tú lo vales. Confía y vive en lo desconocido. Puedes empezar a hacer esto con pequeños incrementos de tiempo. Intenta incrementos de 30 minutos cada semana hasta que llegues a tu meta de 2.5 a 3 horas solo para ti.

Parte 2

Esta es la segunda parte del secreto de mi magia, que también viene en explicado en dos partes. La primera parte es para enfocar tus pensamientos y sentimientos con los ojos cerrados, una meditación. Esto va de la mano con el despertar a la hora que leíste en las páginas anteriores. Como mencioné, esto también requiere práctica y concentración. Te llevará tiempo memorizar lo que vas a hacer. Se necesitará práctica para encontrar tu propio camino. Pero esto es lo que te pido que hagas una vez que cierres los ojos y te quedes quieto.

Recuerda que es muy importante que honres este momento. Este tiempo es para ti y solo para ti. Durante este tiempo, no puedes permitir que entre en tu mente nada que pertenezca a tu vida exterior: tu trabajo, tu familia, otras personas, tu ego, las cosas que *tienes que hacer* durante el día, las deudas, los problemas de salud o tus problemas generales, sean cuales sean. Cada vez que te regalas este tiempo a solas, tienes que comprometerte a que la persona que se va a poner de pie después de este tiempo contigo, no va a ser la misma persona que se sentó en un principio. Este es tu tiempo y el de nadie más. Saldrás de tu meditación como una mariposa.

Esta práctica de meditación es una práctica personal. Esto es algo que debes mantener como algo personal. Esto es entre tú y solamente tú. Cuanto más lo mantengas en privado para ti mismo, más se acelerará. Después de todo, tus sueños son tuyos. Si quieres saber lo que hago personalmente en mi meditación, por favor, ve a mi página web, *lamagiadelamente.wixsite.com/ebook*, donde puedes encontrar una guía paso a paso sobre qué hacer en mi curso, Creando Milagros.

La segunda parte es hacer algo que te inspire. Eso es todo. Esto es simple, pero poderoso. Tal vez te encanta escribir poemas o tal vez te encanta pintar o salir a correr, bailar, cantar, tocar un instrumento o trabajar en ese proyecto paralelo en el que has estado pensando por mucho tiempo. Esto dura de 45 minutos a una hora, necesitas trabajar o crear algo tangible para ti. Crear una posibilidad. Envía ese correo electrónico que siempre has querido y nunca te has atrevido.

Empieza esa idea de negocio en línea que se ha metido en tu cabeza. Tal vez no sepas por dónde empezar. Solo juega con las ideas y escríbelas; todo es parte del proceso. Quizás empieces a escribir un libro y lo llames *La Magia de la Mente* (ja, ja, fue ahí donde empezó este libro).

Lo que hagas con este tiempo depende únicamente de ti. Las únicas dos reglas son hacer algo que te inspire (algo que conecte con tu Energía Divina) y hacer algo solo para ti y para nadie más. Espero que entiendas el poder de esto. Espero que puedas ver el poder en la magia que te acabo de revelar. Este tiempo es un regalo para ti mismo para que puedas crear tu nueva vida. Este es el momento de reconectarse con la Fuente de Energía que crea mundos, para que puedas crear tu nuevo mundo. Construir este hábito requerirá paciencia y amor. Pero después de un tiempo, serás imparable. Serás un imán de milagros y serás todo lo que siempre has querido ser. De hecho, ya eres todas esas cosas, solo tienes que redescubrirlas.

El Espectáculo Debe Continuar

Este es un resumen de los principios y conceptos de este libro. Esto es lo que he aprendido hasta ahora y aplico todos los días, usando *La Magia de la Mente*. Espero que sea una guía para que abras tu corazón y tu mente para crear magia a tu manera. Lo único que te pido es que estés abierto a los nuevos conceptos que has leído en este libro. El hecho de que estés leyendo los mensajes escritos en este libro, no es un accidente; no hay accidentes. No es un accidente que tú y yo nos hayamos cruzado en esta vida. O, tal vez terminaste con este libro en tus manos de una manera única y maravillosa. Lo que importa es que el Universo siempre está diciendo «sí»; siempre te está hablando. El lenguaje de los milagros siempre está siendo hablado. La pregunta es ¿estás escuchando y prestando atención?

Es mi mayor esperanza que lo que está en este libro te lleve a ese pensamiento, que te lleve a esa cosa, que te lleve a ese otro pensamiento, que te lleve a esa otra cosa, que... (ya te haces la idea). Date todo el crédito, ya que ahora eres plenamente consciente de que eres el creador de tu propia realidad. Dirige tu propio espectáculo, crea tu propia magia y experimenta milagros en tu vida.

1. El verdadero tú y el mundo interior

Reconoce que eres más de lo que se ve a simple vista. Reconoce que eres mucho más que las ideas, pensamientos y creencias que te fueron transmitidas. Reconoce que hay una parte invisible de ti, un reflejo del Universo. Reconoce que eres parte de la Energía Divina. No eres un cuerpo que tiene un espíritu dentro, sino que eres un espíritu que tiene un cuerpo dentro.

Viniste de la misma energía que creó todo, por lo tanto, también puedes crear cualquier cosa. Sé humilde a la idea de que todos somos iguales y que todos somos parte de una conciencia colectiva que quiere que la vida exista. Tu estado natural de ser es la felicidad, el amor, la paz y la alegría. Reconoce el hecho de que hay algo dentro de ti que está conectado a todo. Eres ilimitado, eres todopoderoso, eres un creador y estás aquí por una razón. Reconoce tu poder interior. Eres divino por naturaleza.

Recuerda quién eres realmente. No eres tu nombre, tu edad, tu sexo, tu etnia, tu identidad o tu personalidad. Eres un Ser de Energía Espiritual que tiene una experiencia humana. Ve y diviértete creando.

2. La energía es todo lo que hay

Todo en este Universo está hecho de energía. Las partículas más pequeñas dentro de un átomo son energía. Las emociones son energía en movimiento. Los pensamientos son energía. La energía es todo lo que hay. Usa este entendimiento para adoptar una vida en la que dejes de intentar cambiar la materia con la materia y empieces a cambiar la materia (tu mundo físico) con la energía (el mundo espiritual y el mundo dentro de ti). Recuerda: la energía nunca puede ser creada o destruida, solo puede ser transformada.

Cambia tu energía, cambia tu vida.

3. Tus pensamientos y sentimientos

Hay un circuito infinito de pensamientos y sentimientos. No importa dónde te metas en este circuito infinito, ya sea a través de un pensamiento o de un sentimiento, sé consciente de todos tus pensamientos y todos tus sentimientos, todo el día, todos los días. Pregúntate con frecuencia: «¿En qué estoy pensando ahora mismo? ¿Cómo me estoy sintiendo? ¿Estos pensamientos o sentimientos están alineados con lo que realmente deseo en mi vida?». Siempre debes estar jugando este interminable juego de controlar tus pensamientos y sentimientos.

Los pensamientos se convierten en cosas. No pienses en lo que quieres, piensa *desde* lo que quieres. Imagina vivir tu vida desde el tiempo y el espacio de tus deseos realizados. Expresa solo los sentimientos relacionados con tus deseos como si ya hubieran ocurrido. Háblale al Universo a través de los sentimientos. Los sentimientos son el lenguaje del Universo, no las palabras.

4. Hábitos

Tú y yo somos criaturas de hábitos. Recuerda: todo en ti es un hábito que está siendo dirigido por tu programa subconsciente. Sé consciente de tus hábitos, ¿son buenos o malos?

Pregúntate constantemente: ¿Estoy viviendo en modo de supervivencia o en modo creativo? Cuando te sientas estresado, ansioso o enojado, ten paciencia contigo mismo, y recuerda que estos sentimientos son solo hábitos de los que intentas deshacerte. Intenta conectarte con tu modo creativo más a menudo. Vive inspirado.

Haz un esfuerzo consciente para enseñar a tu cuerpo el hábito de sentir amor, felicidad, paz y alegría. Hazte el hábito de sentir esto todos los días durante un tiempo privado en el que puedas enfocar tus pensamientos y sentimientos para practicar cómo se sienten.

Practica una y otra vez la mejor versión de ti mismo. Siéntate y escribe en un papel la mejor versión de ti. Luego, ensaya mentalmente todos los días. Haz las preguntas: ¿Cómo se comporta y siente esta mejor versión de mí? ¿Qué hace? ¿Cómo reacciona al trabajo? ¿Qué hace para ganarse la vida, el placer, las vacaciones, la comida? ¿Cómo piensa, siente y actúa? No dejes ningún detalle. Practica ser esta persona ahora mismo, una y otra vez.

5. Siempre elige ahora

La vida es un eterno momento presente. No hay pasado, no hay futuro. El tiempo es solo una ilusión creada por una mente limitada para dar *estructura* a las cosas y controlar algo que es realmente eterno.

Sigue llamando tu atención a este momento presente tan a menudo como puedas. Todo lo que te ha pasado ya no está aquí; debes dejar ir lo que no puedes agarrar. Es solo en el ahora que puedes hacer un cambio en tu vida. Deja de dar tu energía a cualquiera de los pensamientos de tu pasado o a los pensamientos de un futuro basado en tu pasado. Si estás realmente comprometido a cambiar tu vida, tiene que ser en el ahora. Necesitas esa energía que sigues regalando a tu pasado y futuro. Necesitas esa energía en el momento presente para poder crear la vida de tus sueños.

Recuerda: cuando estás en el ahora, no eres tu nombre, tu edad, sexo, etnia, identidad, creencias, personalidad, etc. Cuando estás en el ahora, simplemente *eres*. Cuando estás en el ahora, eres todo lo que deseas ser, no hay pasado ni futuro, solo la decisión que tomas.

«La sabiduría es saber que no soy nada. El amor es saber que soy todo, y entre los dos mi vida se mueve».
- Nisargadatta Maharaj

6. Silencio y meditación

Todo fue creado desde el silencio. Hay mucho ruido ahí fuera dividiendo tu atención y tu energía. Practica diariamente el silencio. En el silencio, encontrarás la paz. En silencio, encontrarás las respuestas. El silencio es la clave de todo, pero la mayoría de la gente tiene miedo de detenerse y no hacer nada. Empieza a contemplar la naturaleza; empieza a cerrar los ojos y a escuchar la *nada*. Antes de que se creara algo, existía el silencio.

La meditación es el pensamiento enfocado. Ten una práctica diaria donde puedas enfocar tus pensamientos y recuperar el control de tus pensamientos y sentimientos. Entra en ese mundo invisible donde puedes empezar a crear cualquier cosa que desees. El amor, la felicidad, la paz y la alegría siempre están esperando que tomes un momento y te conectes con ellos. La meditación es verdaderamente solo una forma de conectar con esa Inteligencia Divina que siempre está ahí para ti, para recordarte quién eres realmente, un poderoso creador Divino.

7. Imaginación

«No se te dio el poder de la imaginación sin que también se te diera el poder de la creación».
- Wayne Dyer

Esta es una frase muy poderosa que llevo conmigo todo el tiempo. Ensayar mentalmente e imaginar la vida de tus sueños, es la clave para podervivirla. ¿Puedes usar tu imaginación para pensar *en* lo que quieres, y vivir tu vida actual como si tus deseos ya hubieran ocurrido? Usa tu imaginación no para pensar en lo que quieres, sino para pensar *desde lo que quieres*. Diviértete con cada detalle. El cielo no es el límite. Tú eres ilimitado.

Con tu imaginación, tú estás tomando las más pequeñas partículas de energía que existen dentro de tus deseos, y las está transformando de ondas a partículas; este es un principio de la física cuántica. Cuanto más tiempo imagines y vivas de esos pensamientos, más energía colapsarás en materia. Usa tu imaginación, y deja que las experiencias que deseadas vengan a ti. Nunca dejes ir tus sueños; ponlos en medio de tu corazón y tu mente, y siempre imagínalos como tu realidad.

Entra en ese Mundo Invisible y empieza a jalar la vida de tus sueños a tu Mundo Visible. La imaginación es la clave de la realidad del hombre. La imaginación es pura conciencia en acción; es el verdadero Poder Divino.

8. *Agradecimiento*

Todo el mundo tiene mucho que agradecer. No des nada por hecho; hay mucho por lo que estar agradecido. Solo comienza a estar agradecido por las cosas *simples* que tu cuerpo puede hacer, como respirar, sonreír, comer, ver, escuchar, caminar, etc. Luego, continúa con todo lo que te rodea, como el amor, la paz, la felicidad, la naturaleza, otras personas, etc. Nunca des por hecho que puedes sonreír a otro ser humano. Nunca des por hecho de que puedes ser amable con los demás. Cuanto más agradecido estés, más recibirás. Una vez escuché a alguien decir: «La gratitud es la única *renta* que debemos pagar mientras estemos vivos en este planeta».

La gratitud es la vibración más poderosa que existe. Siempre estás agradecido una vez que se te ha dado algo. Entonces, ¿eres capaz de estar agradecido por algo que aún no ha sucedido? Al estar agradecido, le estás enseñando a tu cuerpo y a tus células que cualquier cosa por la que estés agradecido, ya ha sucedido.

9. *Sigue jugando*

Recuérdate todos los días de vivir tu vida con maravilla infantil. Vuelve a esa mentalidad de experimentar el mundo con asombro y emoción. Vuelve y recuerda cómo era jugar, bailar, cantar, pintar, correr, hacer artesanías, viajar, tocar un instrumento, aprender algo nuevo, etc. Juega de nuevo, es la única manera de estar en contacto con lo que realmente te inspira. Nunca dejes de jugar. Es una de las únicas cosas que vinimos a hacer a este mundo.

10. *Hablar de milagros y ver la magia*

Cada día y cada segundo llevan un milagro que te habla; desde esa formación de nubes que no volverás a ver en el cielo, a tu asombroso cuerpo humano que funciona por sí mismo y se repara a sí mismo, a ese tráfico, a la lluvia, y a todo lo que la vida tiene para ofrecer. Experimentar la magia y hablar el lenguaje de los milagros, es algo a lo que simplemente te sintonizas. Siempre está ahí, pero, a veces, somos nosotros los que elegimos no prestar atención a todo el amor y los milagros que existen delante de nuestros ojos.

A cuanta más magia y milagros le prestes atención, más magia y milagros se crearán en tu vida personal. Crear y experimentar la magia es un hábito. Los milagros son un hábito. Primero tienes que estar abierto a verlos y solo entonces entenderás cómo crearlos. Realmente creo que estamos experimentando *el cielo en la tierra*. En este momento, tienes la conciencia y el conocimiento para disfrutar de comida sabrosa, reír, sonreír, ser feliz, caminar, hablar con alguien, beber un sorbo de agua, ver el cielo, ver un amanecer, decirle a alguien «te amo», etc. Tienes el don de experimentar todo esto y más. Estos son verdaderos milagros, estas son las pequeñas cosas que se acumulan en los grandes milagros.

11. El amor es todo lo que hay

El amor es todo lo que hay. Todo lo demás es una ilusión. Todos esos sentimientos negativos son solo ilusiones que vienen de la separación que has creado de la única verdad que existe: el amor es todo lo que hay. Tú eres un pedazo de este Universo, y eres parte de esta Energía Divina; por lo tanto, tienes las mismas habilidades que la energía de la que viniste. Tú viniste de este Amor Divino que crea crea la vida y mantiene todo en perfecta armonía. Puedes hacer todo lo mismo.

Todo en esta vida lleva un mensaje de amor. Todo es amor. A veces puede ser muy difícil ver el amor en lo que sucede a nuestro alrededor, pero puedo prometerte que todo lo que te sucede es por amor. Y cuando te das cuenta de que nadie te persigue y que la vida está sucediendo para ti, empezarás a ver el verdadero amor en las cosas. Todos somos uno con todo y todos. Todos venimos del mismo lugar: la Energía Divina. La clave de todo en esta vida es el amor incondicional.

Estamos todos juntos en este mundo. Todos somos uno. Incluso cuando alguien no actúa como tal, recuerda que hay viejos hábitos que están tratando de romper. El amor es paciente y amable. Siempre actúa desde el amor. Ama a todos, pero lo más importante, ámate a ti mismo. El amor puede mover montañas; el amor transforma. Haz un esfuerzo consciente de hacer siempre todo con amor: la forma en que respondes, la forma en que reaccionas, la forma en que dices las cosas, la forma en que haces las cosas, etc.

«Eres un huésped del amor, o un rehén de tu ego».
- Wayne Dyer

12. Vivir en espíritu

Vive inspirado. Busca hacer actividades y piensa en los pensamientos que te inspiran. No importa dónde estés, busca inspiración. Baila, canta, corre, cocina, pinta, escribe, juega, actúa, dibuja, ejercita, etc. Haz más de lo que te gusta. Este mundo necesita más gente conectada a su espíritu. Vive la vida conectada a tu poder creativo. Esta es la clave de tu poder. Vive inspirado. Vive en espíritu.

Ahora Me Ves y Ahora...

Gracias por estar abierto a las palabras de este libro. Gracias por abrazar la parte invisible de ti que está conectada a todo. Gracias por ser tú. Eres perfecto. Eres mágico. Eres un milagro. Eres el amor. Estás completo. Eres ilimitado. Tienes el poder que crea mundos dentro de ti. Eres pura energía de amor divino, capaz de crear cualquier cosa y todo.

Esta es tu vida, tu realidad, tu momento. No esperes a que pase algo para hacer las cosas que amas o para ser el *tú* que deseas ser. Hay un potencial ilimitado dentro de ti, esperando que le prestes atención. Juega, corre, canta, haz, intenta, sonríe, come, ríe, ama, haz cualquier cosa y todo. Escucha tu interior. Estate en paz con lo que es. Todo lo que deseas ya está en este mundo físico, esperando que le prestes atención. Crea tu propia magia; experimenta los milagros que deseas ahora mismo con tu imaginación primero. Usa el amor como tu lenguaje.

Quiero dejarte con esta última cita de un gran maestro, una cita que puede traerte ese poder y espíritu cada vez que la leas. Recuerda, la mejor magia que existe, es la magia de ser tu verdadero yo. Este mundo necesita más de ti.

«No mueras con tu música todavía dentro de ti»
- Wayne Dyer

Sobre el autor

Rodrigo Díaz Mercado vive en Toronto, Canadá. El autor está disponible para realizar presentaciones de apertura, asistir a eventos de charla y proporcionar consultoría personal, conferencias, seminarios y entrenamiento individual a audiencias apropiadas (grandes y pequeñas) en todo el mundo. Ayuda a Rodrigo Díaz Mercado a difundir este mensaje de empoderamiento y comprensión a todos los que te rodean. Para tarifas y disponibilidad, por favor, contacta con el autor directamente:

rodrigodiazmercado@gmail.com

También puedes contactar a Rodrigo para sesiones de coaching personalizado que te ayudarán a construir un Mapa para vivir la Vida de tus Sueños y crear Magia de Verdad en tu vida. En estas sesiones podrás dejar atrás un pasado que no funciona y podrás enfocarte en el presente a vivir los deseos y alcanzar las metas que quieres aumentando tu inteligencia emocional y espiritual. Para tarifas y disponibilidad, por favor, contacta con el autor directamente:

rodrigodiazmercado@gmail.com

Rodrigo tiene un curso en línea, Creando Milagros, donde tú puedes aprender y practicar los hábitos de crear Magia en tu vida. En este curso aprenderás a cómo atraer la vida de tus sueños y cómo crear los hábitos del amor, la paz, la alegría y la felicidad. Si quieres saber más detalles acerca del curso en línea por favor dirígete a:

lamagiadelamente.wixsite.com/ebook/curso-creando-milagros

Para pedir más libros, por favor contacta con el autor directamente, o por favor visite:

Amazon.com o Amazon.com.mx

¡Sigue a Rodrigo en las redes sociales!

Facebook & Linkedin: Rodrigo Diaz Mercado

Instagram: Sleight_of_Mind

Por último, si este libro te ha inspirado, lo mejor que puedes hacer es transmitirlo y ser un maravilloso modelo a seguir para los demás. Este mundo necesita más magia. Este mundo necesita más de tu magia.